Agile und klassische Projekte managen

Thea Schulte

Agile und klassische Projekte managen

Kleiner Kurs über gutes Projektmanagement

Bibliografische Information der Deutschen Nationalbibliothek:
Die Deutsche Nationalbibliothek verzeichnet diese Publikation in der Deutschen Nationalbibliografie; detaillierte bibliografische Daten sind im Internet über
http://dnb.dnb.de abrufbar.
© 2023 Thea Schulte
Herstellung und Verlag: BoD – Books on Demand, Norderstedt
ISBN: 9783748146711

INHALTSVERZEICHNIS

I

Der Klempner ohne Rohrzange

Ein Projektmanager, der seine Methoden nicht beherrscht, ist wie ein Klempner ohne Rohrzange. Es mutet sehr merkwürdig an, aber in meiner Praxis sind mir jede Menge Projektmanager begegnet, die nicht einmal mit einem Projektstrukturplan umgehen konnten. Dass deren Projekte nicht erfolgreich beendet werden konnten, liegt auf der Hand.

Ein Klempner, der *mit* Rohrzange daherkommt, muss aber noch lange kein guter Klempner sein. Ein Projektmanager, der seine Methoden kennt, muss deswegen noch lange kein guter Projektmanager sein. Vielmehr muss er oder sie die richtige Einstellung zu seiner oder ihrer Rolle haben und die notwendigen Softskills, insbesondere kommunikative Fähigkeiten. Nicht umsonst zeigt das Cover dieses Buchs keine Symbole für Projektplanungen, sondern Menschen im Gespräch.

Dieser kleine Kurs bringt Ihnen, lieber Leser und liebe Leserin, die notwendigen Methoden für gutes Projektmanagement bei, und hilft Ihnen, die Softskills zu erkennen, die für gutes Projektmanagement unabdingbar sind. Mehr braucht es nicht, denn gutes Projektmanagement ist kein Hexenwerk.

Agil allein ist seligmachend?

Mit Projektmanagement verbinden viele Menschen die abschreckende Vorstellung von ausladenden Plänen im sog. Wasserfallmodell, das ihrer Meinung nach besser durch die agile Vorgehensweise abgelöst würde. Dabei haben, wie wir noch sehen werden, beide Vorgehensweisen ihre Berechtigung. Und: Bei näherem Hinsehen spielt das Vorgehensmodell für gutes Projektmanagement gar keine so große Rolle.

Gutes Projektmanagement geht, völlig unabhängig vom Vorgehensmodell, einher mit voller Verantwortungsübernahme für den Erfolg, schafft alle notwendigen Bedingungen für das Gelingen, räumt Hindernisse beiseite, sorgt für guten Zusammenhalt im Team und für Freude an der Arbeit, nimmt Beiträge aller Beteiligten ernst, kann mit Unsicherheiten umgehen und nicht zuletzt beherrscht gutes Projektmanagement die methodischen Ansätze, um all dies zu erreichen.

Dieser Einführungskurs vermittelt das in jahrzehntelanger Erfahrung erworbene Wissen um gutes Projektmanagement und vermittelt die Methoden und die persönlichen Einstellungen, die gutes Projektmanagement ausmachen.

Überblick über die Kursinhalte

Ein Projekt beginnt offiziell mit dem Projektauftrag. Hier wird das Projekt autorisiert, also der „Startschuss" für das Projekt gegeben.

Zu den ersten Aktivitäten im Projekt gehört die Identifizierung der involvierten Personen und Stellen (Stakeholder). Als nächstes folgt die Planung, die die Basis für gutes Projektmanagement ist. Sie unterscheidet sich in Teilen, je nachdem, ob es sich um ein klassisches oder ein agiles Projekt handelt. Bei klassischen Projekten werden der Liefer- und Leistungsumfang (Scope), der Termin und die Kosten zu Beginn festgelegt. Bei agilen Projekten hingegen ist der Scope flexibel, er kristallisiert sich erst im Projektverlauf heraus. Entsprechend hat man andere Planungsansätze für Scope, Termin und Kosten.

Die Planung von Qualitätsmaßnahmen, Risikobewältigung und Beschaffungen dagegen sind in weiten Teilen gleich. Bei Ausführung und Überwachung werden in agilen und klassischen Projekten unterschiedliche Metriken angewendet. Aber Dinge wie Kommunikation oder Teamführung sind wiederum nicht anders in klassischen wie agilen Projekten.

In diesem kleinen Einführungskurs wird Projektmanagement sowohl für agile als auch klassische Projekte behandelt. Die Unterschiede werden deutlich, aber auch die vielen Gemeinsamkeiten.

Der nebenstehende Smilie weist Sie auf Übungen hin, die Sie zur Vertiefung des Stoffes durchführen können.

1 Projektauftrag

Den Startschuss für ein Projekt gibt der Projektauftrag. Jedes Projekt hat einen Auftraggeber. Schließlich muss irgendwer entscheiden, dass es überhaupt ein Projekt geben soll. Und die auftraggebende Stelle hat auch eine Vorstellung über das Projekt und darüber, was mit dem Projekt erreicht werden soll. Das ist unabhängig vom Entwicklungsansatz, also unabhängig davon, ob die spätere Projektarbeit im agilen oder klassischen Verfahren erledigt wird.

Vor der Erstellung des Projektauftrags mag es schon andere Dokumente geben, auf die zugegriffen werden kann. Es mag eine Projektidee oder eine Vorstellung des Vorhabens geben, die die Unternehmensstrategie sinnvoll umsetzt und unterstützt. Häufig wird ein Business Case erstellt. Ein Business Case bewertet den Benefit, den ein Projekt potentiell erbringt. Auch eine Roadmap, eine übergeordnete Zeitschiene, mag bereits vorliegen. Welches Dokument es aber auch immer vor Projektstart geben mag, spätestens mit dem Projektauftrag müssen grobe Vorstellungen über das Projekt vorhanden sein

1.1 Zweck des Projektauftrags

Mit dem Projektauftrag wird das Projekt definiert und autorisiert. Auf eventuell bereits existierende Dokumente kann natürlich Bezug genommen werden. In dem Fall könnte der Projektauftrag lediglich aus der offiziellen Autorisierung und Benennung des Projektmanagers oder der Projektmanagerin bestehen. Ansonsten wird das Projekt im Projektauftrag definiert.

Kein Projekt sollte ohne schriftlichen Auftrag durchgeführt werden. Was wie eine Binsenwahrheit klingt, wird bei hausinternen Projekten in der Praxis gerne vernachlässigt. Mangelnde Auftragsklarheit ist eine der häufigsten Ursachen für das Scheitern von Projekten.

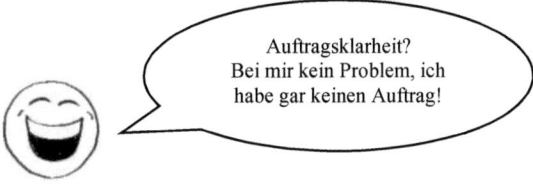

Auftragsklarheit?
Bei mir kein Problem, ich
habe gar keinen Auftrag!

Wenn Ihr Auftraggeber sich mit einem schriftlichen Auftrag eher schwertut, dann dürfen Sie als Projektmanager oder Projektmanagerin ihm ruhig die Formulierung abnehmen. Das ist allerdings nur eine Unterstützungsleistung, letztendlich muss der Auftraggeber für den Auftrag geradestehen und ihn unterschreiben.

1.2 Inhalt des Projektauftrags

Der Projektauftrag ist kurz und knapp, er umfasst eine oder wenige Seiten. Er umreißt das Projekt auf hoher Ebene, die Detaillierung erfolgt im Projektverlauf durch das Projektteam und in ständiger Kommunikation mit dem Auftraggeber. Der Projektauftrag macht in der Regel Aussagen zu folgenden Punkten:

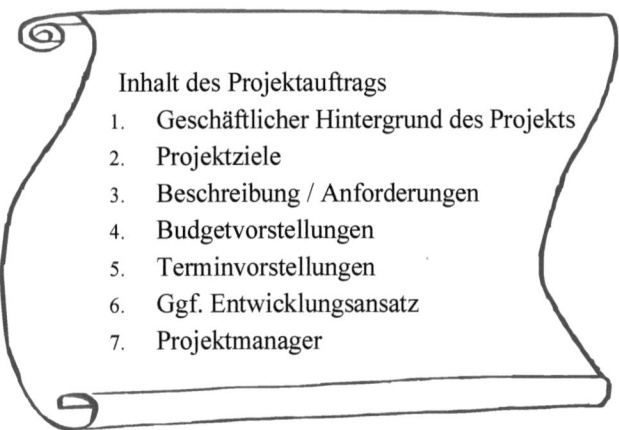

Inhalt des Projektauftrags
1. Geschäftlicher Hintergrund des Projekts
2. Projektziele
3. Beschreibung / Anforderungen
4. Budgetvorstellungen
5. Terminvorstellungen
6. Ggf. Entwicklungsansatz
7. Projektmanager

Geschäftlicher Hintergrund des Projekts
Hier wird die Notwendigkeit des Projekts erläutert, also das, was der Auftraggeber mit dem Projekt bezweckt. Beispiel: Mit der Einführung

11

eines Elektro-Motorrads erhofft sich ein Automobilhersteller die Erschließung eines weiteren Marktsegments.

Projektziele

Projektziele umfassen die messbaren Ergebnisse des Projekts. Beispiele sind Terminziele, Kostenziele, Qualitätsziele, technische Ziele, soziale Ziele ... Jedes Ziel besitzt Attribute, z.B. Zahlenangabe und Währung („weniger als 500.000 €").

Beschreibung / Anforderungen

Das Ergebnis, welches mit dem Projekt erstellt werden soll, nennen wir Produkt. Bei dem Produkt kann es sich durchaus auch um eine Dienstleistung handeln.

In der Beschreibung werden die Merkmale des Produkts dargestellt und die greifbaren Anforderungen aus Sicht des Auftraggebers. Es liegt in der Natur der Sache, dass das Produkt zu diesem Zeitpunkt auf einer hohen Ebene beschrieben wird, die Detaillierung erfolgt später. Der Auftraggeber könnte hier auch bereits Risiken benennen, deren Beachtung ihm wichtig sind.

Budget- und Terminvorstellungen

Budget-Zahlen und Termine werden genannt. Die Detaillierung erfolgt später.

Entwicklungsansatz

Die beiden verbreiteten Entwicklungsansätze sind der klassische Ansatz, oft als Wasserfallmodell bezeichnet, und der agile Ansatz. Der klassische Entwicklungsansatz ist „plangetrieben". Das bedeutet, dass das Projektergebnis und die zur Erstellung erforderliche Projektarbeit im Vorhinein detailliert geplant und festgelegt werden. Beim agilen Ansatz steht der Scope zu Projektbeginn nicht fest, sondern schält sich erst im Lauf des Projekts heraus.

Der klassische Ansatz bewährt sich bei Projekten, bei denen die Anforderungen schon zu Beginn festgelegt werden können. Der agile Ansatz ist geeigneter, wenn Anforderungen einen hohen Grad an

Unsicherheit und Schwankungen aufweisen. Eine Kombination aus beiden Ansätzen ist ebenso denkbar. Wenn der Auftraggeber eine klare Vorstellung zum Entwicklungsansatz hat, wird er bereits im Projektauftrag festgelegt.

Projektmanager
Projektmanager oder Projektmanagerin werden hier namentlich benannt und damit autorisiert. Die Befugnisse des Projektmanagers mögen in den Unternehmensregeln definiert sein, sie können aber auch ausdrücklich im Projektauftrag benannt werden.

1.3 Beispiel Projektauftrag

Um den Inhalt des Projektauftrags besser zu verstehen, sei hier ein Beispiel gegeben:
Ein größeres Unternehmen beschäftigt in der Sachbearbeitung überwiegend junge Frauen und Männer. Bis die Mitarbeiter auch die schwierigen, nicht standardisierten Fälle bearbeiten können, dauert es normalerweise mehrere Jahre. Der Vorstand hat in den letzten Jahren beobachtet, dass immer wieder kompetente Mitarbeiter ausfallen, weil sie keine geregelte Betreuung für ihre Kleinkinder finden. Insbesondere tritt das Problem bei Mitarbeitern auf, deren Kinder jünger als drei Jahre sind. Der Vorstand beschließt deshalb, eine betriebliche Kindertagesstätte einzurichten und formuliert den folgenden Projektauftrag.

Projektauftrag „Köln-Kita":
1. Geschäftlicher Hintergrund des Projekts
   In der Vergangenheit hat es sich gezeigt, dass versierte Mitarbeiter in Elternzeit nur unzureichend ersetzt werden können. Defizite in der Sachbearbeitung haben in der Folge zu vermehrtem Beschwerdeaufkommen seitens unserer Kunden geführt. Mit der Einrichtung einer betrieblichen Kindertagesstätte wird bezweckt, junge Eltern ohne Unterbrechung im Unternehmen zu halten.

2. Projektziele
   a. Wesentlich für den Erfolg des Projekts ist, dass die Kindertagesstätte von möglichst vielen betroffenen Eltern angenommen wird. Mindestens die Hälfte der in Frage kommenden Eltern sollen am Öffnungstag ihr Kind angemeldet haben.
   b. Die Einhaltung der unter Punkt 5 angegebenen Termine und des unter Punkt 4 angegebenen Budgets wird ausdrücklich als weiteres Projektziel festgelegt.
3. Beschreibung / Anforderungen
   Die Kindertagesstätte wird im Unternehmensgebäude am Standort Köln eingerichtet. Die vorhandenen Räumlichkeiten werden für diese Zwecke umgebaut, so dass sie den Anforderungen an eine Kindertagesstätte genügen. Die Kinder werden mit Mahlzeiten aus der hauseigenen Kantine versorgt. Eine entsprechende Vertragserweiterung mit dem Kantinenpächter ist vorzusehen.
   a. Es sollen etwa 50 Kinder betreut werden, die Hälfte davon wird unter drei Jahre alt sein.
   b. Die Öffnungszeit der Tagesstätte ist von 7 Uhr bis 17 Uhr, um den Eltern genügend Flexibilität zu bieten.
   c. Ausstattung und Qualität der Tagesstätte müssen für die Eltern überzeugend sein, damit sie sich für die Betreuung entscheiden.
   d. Die Anmeldung erfolgt digital und in nutzerfreundlicher Weise über das hausinterne Intranet, das dafür entsprechend weiterentwickelt wird.
   Ein Risiko liegt darin, dass die vorgesehenen Räumlichkeiten sich möglicherweise nicht für den Zweck eignen. Die Eignung ist daher vorrangig zu untersuchen. Gegebenenfalls werden Vorschläge erwartet, wie die Eignung hergestellt werden kann.
4. Budgetvorstellungen
   Das Budget darf 900.000 € nicht überschreiten. Darin sind sämtliche Kosten enthalten, die bis zur Betriebsbereitschaft der Tagesstätte entstehen, nicht aber die laufenden Kosten ab Öffnung der Kindertagesstätte.

5. Terminvorstellungen
   Die Grobplanung wird zwei Monate nach Auftragserteilung erwartet. Für die Umbaumaßnahmen steht maximal ein Jahr zur Verfügung. Die Kindertagesstätte ist maximal 15 Monate nach Auftragserteilung betriebsbereit.
6. Entwicklungsansatz
   Das Projekt wird nach dem klassischen Wasserfallmodell erstellt mit Ausnahme der Weiterentwicklung des Intranets. Diese wird agil durchgeführt.
7. Projektmanagerin
   Projektmanagerin ist Frau Kinderlieb. Sie ist befugt, in der Personalabteilung und in der IT-Abteilung Mitarbeiter für ihr Projekt zu rekrutieren und verfügt über das zugeteilte Budget. Sie hat außerdem alle Befugnisse eines Projektmanagers entsprechend den firmeninternen Richtlinien.

Unterschrift Auftraggeber

Your turn!

Wollen Sie es versuchen? Erstellen Sie einen Projektauftrag für das Projekt „grüne Kantine":

Sie sind Vorstandsvorsitzender eines mittelständischen Unternehmens. Nach einer längeren Auszeit aus gesundheitlichen Gründen sind Sie vom Wert der vegetarischen Ernährung überzeugt. Deshalb ist es Ihnen wichtig, dass in Ihrer Betriebskantine auch vegetarische Mahlzeiten angeboten werden. Gleichzeitig möchten Sie Ihre Mitarbeiter für diese gesunde Ernährungsweise gewinnen. Sie sind davon überzeugt, dass der Krankenstand dadurch mittelfristig sinkt. Außerdem soll bei der Gelegenheit eine Kantinen-App erstellt werden, mit der die Mitarbeiter bestellen und bargeldlos bezahlen können.

Erstellen Sie einen Projektauftrag zur Einführung hochwertiger vegetarischer Mahlzeiten in Ihrer Betriebskantine. Für diese Aufgabe gibt es viele richtige Lösungen. Einen Vorschlag finden Sie im Lösungsteil.

15

Projektauftrag „grüne Kantine":

1. Geschäftlicher Hintergrund des Projekts

_____
_____
_____
_____
_____
_____
_____
_____

2. Projektziele

_____
_____
_____
_____
_____
_____
_____

3. Projektbeschreibung / Anforderungen

_____
_____
_____
_____
_____
_____
_____
_____
_____
_____

_____

_____

_____

_____

_____

_____

_____

_____

_____

_____

_____

4. Budgetvorstellungen

_____

_____

5. Terminvorstellungen

_____

_____

6. Entwicklungsansatz

_____

_____

7. Projektmanager

_____

_____

Unterschrift Auftraggeber

2 Stakeholder

Neben dem Auftraggeber oder der Auftraggeberin gibt es noch andere Personen oder Stellen, die auf die ein oder andere Weise involviert sind. Wir nennen sie Stakeholder.

2.1 Ermittlung Stakeholder

So früh wie möglich – also zu Beginn des Projekts – ermittelt man die in Frage kommenden Stakeholder. Folgende Standard-Stakeholder hat man in vielen Projekten:

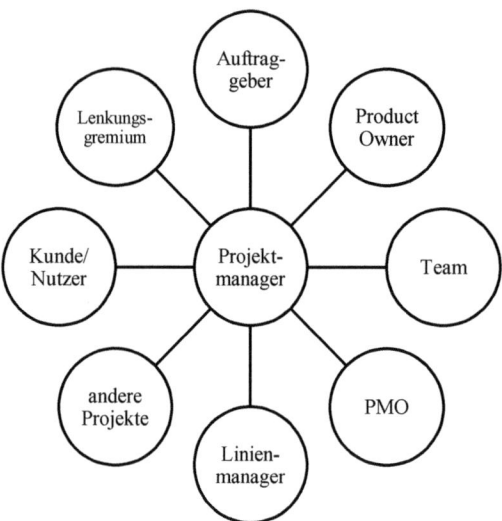

PMO bedeutet Projektmanagement Office und ist eine Stelle im Unternehmen, die Projekte unterstützt. Die Zuständigkeit des PMO hängt vom Unternehmen ab. Manche PMOs haben rein unterstützende und beratende Funktion, andere sogar Weisungsbefugnis. Manche stellen lediglich Templates (Muster) für die Projekte zur Verfügung, manche stellen die Projektmanager.

Der Product Owner ist eine wichtige Rolle im agilen Vorgehensmodell. Er oder sie ist für die Anforderungen und deren Priorisierung zuständig.

Ein Lenkungsgremium wird häufig gebildet. Es setzt sich aus dem Auftraggeber und anderen beteiligten Personen des Unternehmensmanagements zusammen. Dem Lenkungsgremium wird regelmäßig der Projektstand präsentiert. Es überwacht den Projektfortschritt und trifft notwendige Entscheidungen, etwa wenn sich gravierende Änderungen ergeben. Es hat auch die Kompetenz, ein Projekt zu stoppen.

Beispiel
Im Projekt „Köln-Kita" könnten folgende Stakeholder existieren:

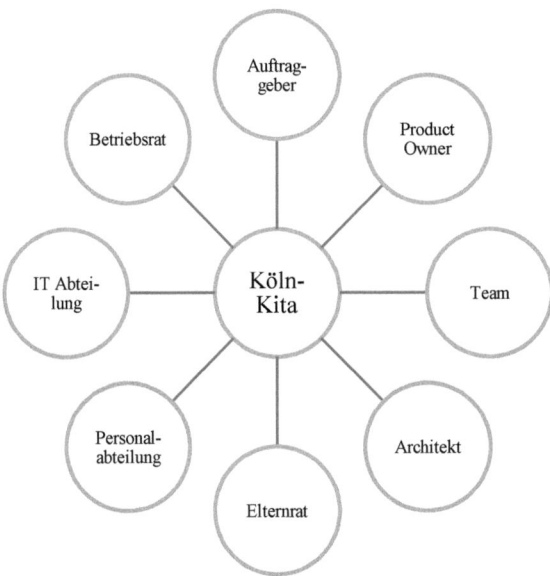

Ein Lenkungsgremium wurde nicht gebildet, der Auftraggeber übernimmt die Entscheidungs- und Steuerungsfunktion allein. Über ein PMO verfügt das Unternehmen nicht.

Wollen Sie es versuchen? Welche Stakeholder hat das Projekt „grüne Kantine"? Es gibt viele richtige Antworten, einen Vorschlag finden Sie im Lösungsteil.

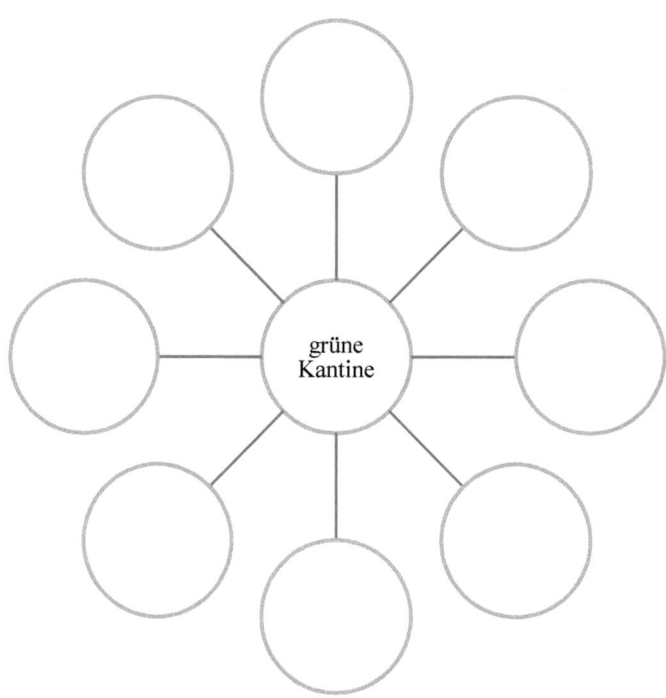

2.2 Anforderungen und Erwartungen

Für uns als Projektmanager ist es also wesentlich, die Anforderungen zu eruieren ebenso wie die (unausgesprochenen) Erwartungshaltungen. Nur so können wir das Projekt entsprechend den Anforderungen und Erwartungen durchführen oder auch klarlegen, welche Anforderungen und Erwartungen nicht erfüllt werden können. Die Klärung der Anforderungen und Erwartungen schon in einer frühen Projektphase erspart uns später viel Enttäuschung und Ärger. Auch ein rechtzeitiges und klares „Nein" zu überhandnehmenden Wunschleistungen gehört dazu.

Mit den wichtigsten Stakeholdern sollten wir im persönlichen Gespräch ihre Anforderungen und Erwartungen klären. Sie werden dokumentiert, um sie für die Erstellung der Leistung zu verwenden.

Die Gespräche mit den Stakeholdern könnten für unser Beispiel „Köln-Kita" etwa folgende Anforderungen hervorbringen:

Stakeholder Anforderungen „Köln-Kita"
Eltern
♦ enge Zusammenarbeit gewünscht
♦ gesunde Ernährung der Kinder
♦ individuelle Förderung der Kinder
♦ Schutz der Daten der Kinder bei der digitalen Anmeldung
Betriebsrat / Mitarbeiter am Standort
♦ Elternbeiträge nicht höher als in vergleichbaren Einrichtungen
♦ erweiterbar, falls künftig mehr Nachfrage entsteht
♦ Abschirmung vor zu großer Lärmbelästigung der Mitarbeiter
Auftraggeber / Vorstand
♦ Reduzierung der Mitarbeiterfluktuation durch Elternzeit
♦ unternehmensinterner Bekanntheitsgrad
♦ Steigerung des Images als attraktiver Arbeitgeber

Your turn!

Versuchen Sie es! Erstellen Sie mögliche Stakeholder Anforderungen für das Projekt „grüne Kantine". Einen Vorschlag finden Sie im Lösungsteil.

Stakeholder Anforderungen „grüne Kantine"

_____
_____
_____
_____
_____
_____
_____
_____
_____
_____
_____

_____

_____

_____

_____

_____

_____

_____

_____

_____

_____

_____

_____

_____

_____

_____

_____

2.3   Einschätzung der Stakeholder

Bei den Stakeholdern mag es solche geben, die sich für den Projekterfolg einsetzen. Und es mag auch Stakeholder geben, die Nachteile in
dem Projekt sehen und es nicht unterstützen. Auch und gerade um
diese Stakeholder müssen wir als Projektmanager uns kümmern, wenn
wir den Projekterfolg nicht gefährden wollen.

Eine Stakeholderkarte ist eine einfache Methode, um sich die Bedeutung der einzelnen Stakeholder klar zu machen. Jeder Stakeholder
wird nach seinem Einfluss und seiner Betroffenheit eingeschätzt. Das
Ergebnis wird in ein Koordinatenkreuz eingetragen. Die Farbe gibt
zusätzlich die Haltung der Stakeholder dem Projekt gegenüber wieder.
Rot sind negative Stakeholder, also solche, die das Projekt nicht unterstützen, grün sind positive Stakeholder und gelb neutrale.

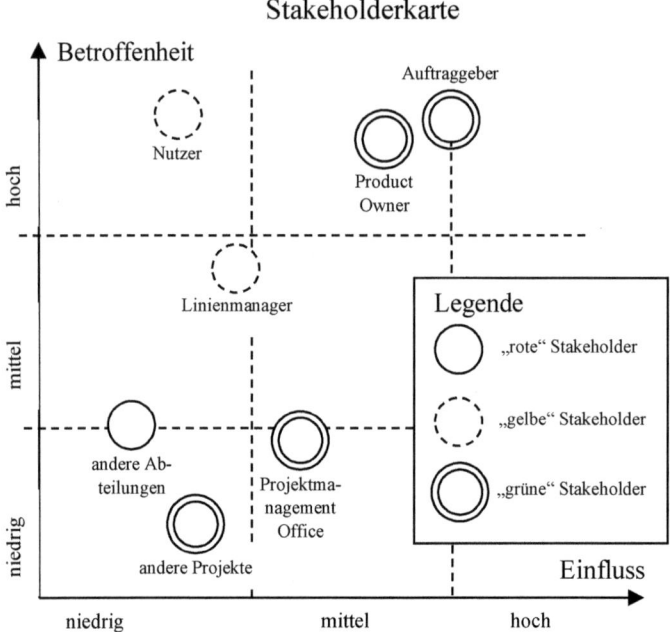

Stakeholderkarte

Den Stakeholdern im oberen rechten Quadranten der Stakeholderkarte werden wir besondere Aufmerksamkeit schenken wollen.

Beispiel Einschätzung Stakeholder
Die Stakeholderkarte für das Projekt „Köln-Kita" könnte so aussehen:

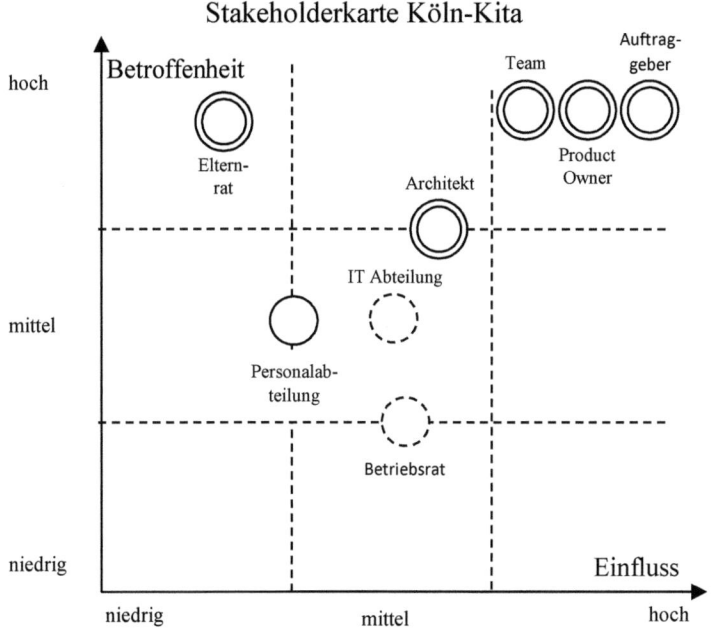

Stakeholderkarte Köln-Kita

Versuchen Sie es! Erstellen Sie eine Stakeholderkarte für das Projekt „grüne Kantine". Einen Vorschlag finden Sie im Lösungsteil.

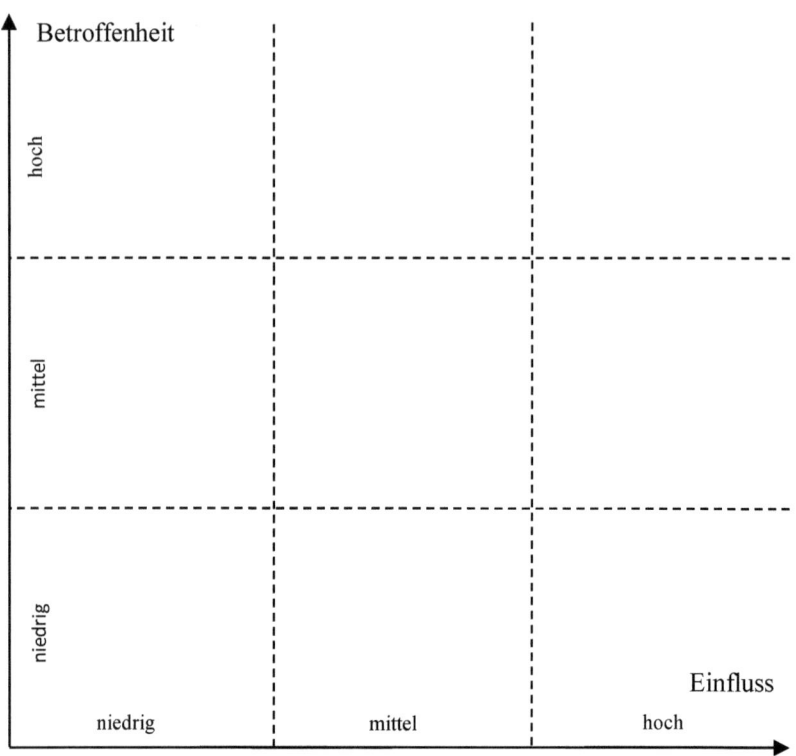

Stakeholderkarte grüne Kantine

2.4 Interessenslage und Kommunikationsbedarf

Wenn wir unsere Stakeholder kennen und in einer Stakeholderkarte ihre Bedeutung eingeschätzt haben, müssen wir uns noch überlegen, wie mit ihnen umzugehen ist. Insbesondere müssen die kommunikativen Aktivitäten zu den Stakeholdern festgelegt werden. Wir müssen also entscheiden, welche Stakeholder wir regelmäßig treffen, bei welchen es genügt, nur regelmäßige Berichte zu verteilen etc. Wir müssen uns auch überlegen, welchen Einfluss wir auf einzelne Stakeholder nehmen wollen, kurz wie wir die Stakeholder betreuen wollen. Dabei stellen wir am besten Überlegungen zu ihrer Interessenslage an.

Um die Kommunikationserfordernisse in einem Projekt in den Griff zu bekommen, werden die Ergebnisse der Überlegungen zum Umgang mit Stakeholdern in einem Kommunikationsplan festgehalten. Dieser kann eine einfache Tabelle sein. Mit dem Kommunikationsplan können wir das Berichtswesen ebenso planen wie die Projektmeetings.

An wen?	Was?	Wann?	Wie?	Wer?

Kommunikationsaufwände werden in Projekten häufig unterschätzt. Dabei sind gerade diese Aufwände nicht unerheblich, wenn man bedenkt, mit wie vielen Stellen man kommunizieren muss.

Beispiel Interessenslage und Kommunikationsbedarf Stakeholder
Im Projekt Köln-Kita sind nachfolgende Überlegungen für den Umgang mit den Stakeholdern und deren Kommunikationserfordernisse maßgebend.
Auftraggeber
Der Auftraggeber ist ein wesentlicher Stakeholder. Er will auf dem Laufenden gehalten werden. Wir vereinbaren deshalb mit ihm ein regelmäßiges persönliches Treffen, in dem der Stand des Projekts berichtet wird und sein Informationsbedarf abgedeckt wird. Auch für uns als Projektmanager haben diese Treffen einen hohen Wert, denn hier können wir uns die notwendigen Entscheidungen holen und wir können über Risiken informieren, die wir allein nicht bewältigen können. Wir können auch um seine Mithilfe bitten, etwa bei Problemen mit der Personalbeschaffung. Deshalb werden die Treffen sorgfältig vorbereitet, damit das Projekt für den Auftraggeber transparent ist und so seinem Informationsbedarf entsprochen wird.

Product Owner

Der Product Owner hat für ein agiles Projekt eine entscheidende Bedeutung. Er hat die Entscheidungsbefugnis für den Scope seines agilen Projekts und treibt es voran. Es ist nicht unsere Rolle, ihm in sein Teilprojekt hereinzureden. Aber wir sollten bei seiner Auswahl mitwirken und wir sollten uns vergewissern, dass er seine Rolle wahrnimmt. Ein überforderter Product Owner oder einer, der seine Aufgabe nicht ernst nimmt, wird den Erfolg des agilen Projekts in Frage stellen oder gar unmöglich machen. Wir entscheiden deshalb, regelmäßig an den Review-Meetings teilzunehmen, die das agile Team in kurzen Abständen durchführt. Um die Entwicklung der Intranet-Seite zu tracken, sehen wir außerdem ein regelmäßiges persönliches Meeting mit dem Product Owner vor.

Team

Das Team ist unser wichtigster Stakeholder. Ohne das Team erreichen wir - nichts. Deshalb versteht es sich von selbst, das Team in alle Aktivitäten einzubinden, vor allem auch in die Planungsaktivitäten. Dadurch hat jeder die Chance, Aufgaben zu übernehmen, die ihm oder ihr liegen. Die Kommunikation mit dem Team ist eng. Über die notwendigen Meetings entscheiden wir erst nach Diskussion mit dem Team. Als Vorschlag bringen wir ein wöchentliches Team-Meeting ein.

Architekt

Für den Umbau wird ein Architekt unter Vertrag genommen. Für ihn ist es wichtig, alle für den Umbau notwendigen Informationen zur richtigen Zeit zu erhalten. Außerdem braucht er einen Ansprechpartner mit entsprechender Entscheidungskompetenz. Die Kommunikation mit dem Architekten übernimmt später das Teilprojekt, das für den Umbau verantwortlich ist. Es sollte deshalb auch den Kommunikationsbedarf festlegen.

Elternrat

Die Eltern haben ein hohes Interesse an dem Projekt, ihr direkter Einfluss ist aber begrenzt. Nichtsdestotrotz ist ihre Mitwirkung sehr erwünscht, denn die Kita muss für die Eltern attraktiv sein, um die

Projektziele zu erreichen. Schließlich sollen mindestens die Hälfte der in Frage kommenden Eltern am Öffnungstag ihr Kind angemeldet haben.

Die Kommunikation mit den Eltern hat daher zum Gegenstand, zu Beginn ihre Wünsche und Anforderungen zu eruieren. Im weiteren Verlauf sollte ihnen das Konzept vorgestellt werden mit der Option, machbare Vorschläge noch einzuarbeiten.

Es wird daher ein Elternrat gebildet, mit dem zu Projektbeginn ein bis zwei Treffen vorgesehen werden und ein weiteres nach Vorlage des Konzepts. Dazwischen erfolgt die Kommunikation via E-Mail. Darüber erhalten die Eltern regelmäßige Berichte über den Stand des Projekts.

Personalabteilung
Die Personalabteilung muss Mitarbeiter für das Projekt abstellen. Das mag ihr auf den ersten Blick eher unangenehm sein, da sie ihre Arbeitslast als zu hoch einschätzt, um Mitarbeiter an ein Projekt abzugeben. Deshalb steht sie dem Projekt eher skeptisch gegenüber. Hier ist es Aufgabe des Projektmanagements, dabei zu unterstützen, die anfängliche Skepsis aufzulösen. Es ist unser Interesse, aus ursprünglich „roten" Stakeholdern zumindest neutrale zu machen. Deshalb müssen so früh wie möglich Gespräche mit der Personalabteilung gesucht und ihre Bedenken ernst genommen werden. Im späteren Verlauf muss für das Einstellungsverfahren eng mit der Personalabteilung zusammengearbeitet werden. Diese Zusammenarbeit liegt federführend bei dem Teilprojekt, das für Personal zuständig ist und das die entsprechende Kommunikationsplanung macht.

IT-Abteilung
Auch der IT-Abteilungsleiter muss Personal für das Projekt bereitstellen. Allerdings ist die IT-Abteilung ohnehin für das Intranet und dessen Weiterentwicklung zuständig, so dass vermutlich Interesse daran besteht, Einfluss auf die Entwicklungen im Projekt zu nehmen. Diese Einflussmöglichkeiten sollte man der IT nach Möglichkeit auch einräumen, ansonsten produziert man hier einen „roten" Stakeholder. Die Gespräche mit der IT werden so früh wie möglich gesucht, um die Interessenslage und die Mitwirkung zu klären. Aus der IT sollte

unbedingt ein „grüner" Stakeholder werden. Auch die Kommunikation im Projektverlauf muss geklärt werden. Zumindest sollte die IT-Abteilung in die Planning-Meetings und Review-Meetings des agilen Projekts eingebunden sein.

Betriebsrat
Der Betriebsrat wird es begrüßen, dass es eine Kita geben soll. Insofern ist er Befürworter des Projekts. Er kann aber auch in der Projektausführung Bedenken haben. Beispielsweise könnte er Bedenken anmelden, sollten im Projektverlauf einmal Überstunden nötig werden. Der Betriebsrat erhält regelmäßig Informationen per Verteilung des Projektplans und seiner Updates. Darüber hinaus wird er im Rahmen von Betriebsratssitzungen alle drei Monate persönlich informiert.

Auf Basis dieser Überlegungen wird der Kommunikationsplan aufgestellt. Die Kommunikationsplanung der Teilprojekte wird hier aus Gründen der Übersichtlichkeit nicht dargestellt.

An wen?	Was?	Wann?	Wie?	Wer?
Auftragge-ber	Status, Risi-ken, Entschei-dungsvorlagen	monatlich	Mee-ting	Projekt-manager
Product Owner	Einholung Fortschritt In-tranet-Seite	alle drei Wo-chen	persön-lich	Projekt-manager
Team	Status, Risi-ken, Vorgehen	wöchentlich	Mee-ting	Projekt-manager
Elternrat	Status und Feedback-Ein-holung	Zweimal zu Projektstart, ein-mal nach Kon-zept	Mee-ting	Projekt-manager
Personalab-teilung	Personalein-satz	Projektstart und bei absehbaren Änderungen des Personaleinsat-zes	persön-lich	Projekt-manager
IT Abtei-lung	Personalein-satz und Mit-wirkung	Projektstart (weitere Komm. im agilen Pro-jekt)	persön-lich	Projekt-manager
Betriebsrat	Status	alle 3 Monate	persön-lich	Projekt-manager
alle Stake-holder	Projektplan und Updates	bei Aktualisie-rung	E-Mail-Anhang	Projekt-manager

Die Kommunikation mit den Genehmigungsbehörden wird vom Teil-projekt „behördliche Genehmigungen" und die mit dem Architekten vom Teilprojekt „Umbau" übernommen. Ferner hat der Product Ow-ner einen eigenen Kommunikationsplan für sein agiles Projekt, in dem vor allem einzuladende Teilnehmer an Planning und Review festge-legt werden.

Versuchen Sie es! Wie ist die Interessenslage der Stakeholder für das Projekt „grüne Kantine" und welche Kommunikation halten Sie für angemessen?
Eine Musterlösung gibt es nicht, einen Vorschlag finden Sie im Lösungsteil.

Stakeholder:
_____
_____
_____
_____
_____
_____
_____
_____

Stakeholder:
_____
_____
_____
_____
_____
_____
_____
_____

Stakeholder:
_____
_____
_____
_____
_____
_____
_____
_____

Stakeholder:

_____
_____
_____
_____
_____
_____
_____

Stakeholder:

_____
_____
_____
_____
_____
_____
_____

Stakeholder:

_____
_____
_____
_____
_____
_____
_____

Stakeholder:

_____
_____
_____
_____
_____
_____
_____

Kommunikationsplan für das Projekt „grüne Kantine"

An wen?	Was?	Wann?	Wie?	Wer?

3 Scope-, Termin- und Kostenplanung

Scope, Termin und Kosten bilden das „magische Dreieck", welches das Zusammenspiel der drei Komponenten darstellen soll. Wenn eine Komponente des magischen Dreiecks sich ändert, zieht das in der Regel Änderungen in den anderen Komponenten nach sich. Wenn man beispielsweise den Scope erweitert, wird dies in der Regel mit erhöhten Kosten und möglicherweise auch einer Terminverschiebung einhergehen.

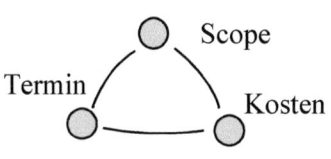

magisches Dreieck

3.1 Agiler und klassischer Ansatz

Im klassischen Projekt sind die Komponenten des magischen Dreiecks, nachdem sie einmal mit dem Auftraggeber vereinbart wurden, nur noch in einem transparenten Verfahren mit dem Auftraggeber änderbar. Das ist nachvollziehbar. Selbstverständlich möchte der Auftraggeber darüber entscheiden, ob sich die Kosten ändern dürfen. Schließlich trägt er die Kosten. Ebenso verhält es sich mit Termin und Scope. Der Auftraggeber möchte entscheiden, ob er eine Terminverschiebung für sinnvoll hält oder eine Leistungsänderung.

Anders ist es beim agilen Ansatz. Hier ist der Scope **nicht** fest. Termin und Kosten dagegen sind festgelegt. Der Auftraggeber akzeptiert hier, dass der Leistungsumfang sich erst im Projektverlauf herausschält. Er weiß also zu Beginn nicht, was er für sein Geld am Ende bekommt. Dennoch kauft er nicht die sprichwörtliche Katze im Sack, denn er besetzt eine Rolle im Projekt, die die Erstellung des Scopes leitet und entscheidet. Diese Rolle ist der Product Owner, dem damit eine wegweisende zentrale Aufgabe zufällt.

Der agile Ansatz ist also deutlich flexibler als der plangetriebene klassische Ansatz, dafür aber steht das Ergebnis nicht von Anfang an fest. Der agile Ansatz hat sich besonders in der Software-Entwicklung durchgesetzt.

Aus Sicht des Auftraggebers ist eigentlich der klassische Ansatz vorzuziehen, denn hier weiß er eben, was er wann für sein Geld bekommt. Wenn aber das klassisch gemanagte Projekt nicht rund läuft, wie es in der Software-Entwicklung in der Vergangenheit fast schon die Regel war, und der Auftraggeber immer wieder mit Budgeterhöhungen und Terminverschiebungen konfrontiert wird, ist der agile Ansatz bei weitem vorzuziehen.

Es kommt also auf das Projekt an, welchen Ansatz man vorzieht. Ist der Scope gut definierbar, eignet sich der klassische Ansatz besser. Sind diese Voraussetzungen eher nicht gegeben, greift man besser auf die agile Vorgehensweise zurück. Auch eine Kombination ist gut denkbar. So kann etwa die Software-Entwicklung in einem agilen Projekt gemanagt werden, deren Rollout und Schulung dagegen traditionell.

Unabhängig von der Vorgehensweise sind jedoch die Anforderungen und (unausgesprochenen) Erwartungen der Stakeholder zu eruieren (s. Kap. Anforderungen und Erwartungen). Zwar wird der Scope beim agilen Ansatz erst nach und nach vom Product Owner gestaltet. Um das aber sinnvoll tun zu können, muss der Product Owner mit den Anforderungen und Erwartungen vertraut sein, damit das spätere Produkt Akzeptanz finden kann.

3.2 Planung beim klassischen Ansatz

Beim klassischen Ansatz geht es nun darum, die Komponenten des magischen Dreiecks festzulegen. Angefangen wird mit dem Scope. Erst wenn der Scope definiert ist, können die für die Erstellung des Scopes notwendigen Aufwände und Kosten geschätzt werden. Damit lässt sich dann der Terminplan entwickeln.

3.2.1 Scope Planung

Projektkrisen beim klassischen Ansatz, dem sog. Wasserfall, haben fast immer damit zu tun, dass der Scope des Projekts nicht genau umrissen ist oder nicht genau umrissen werden kann. Wir sind uns nicht so recht im Klaren darüber, was alles geliefert werden muss.

Was heißt da „die Räder fehlen?" Davon war nie die Rede!

Deshalb ist es so wichtig, zu Beginn den Scope genau zu definieren und mit dem Auftraggeber und anderen Stakeholdern abzusprechen. Zur Festlegung des Scopes verwenden wir zwei Dokumente:

1. Leistungsbeschreibung
2. Projektstrukturplan

Mit diesen beiden Methoden stellen wir Auftragsklarheit her. Sie sind die Grundlage für die Abstimmung mit dem Auftraggeber und anderen Beteiligten. Missverständnisse werden so vor der Umsetzung ausgeräumt.

3.2.1.1 Leistungsbeschreibung

Im klassischen Vorgehen ist die Leistungsbeschreibung ein ausführliches Dokument. Sie enthält in der Regel Ausführungen nachfolgend dargestellte Themen.

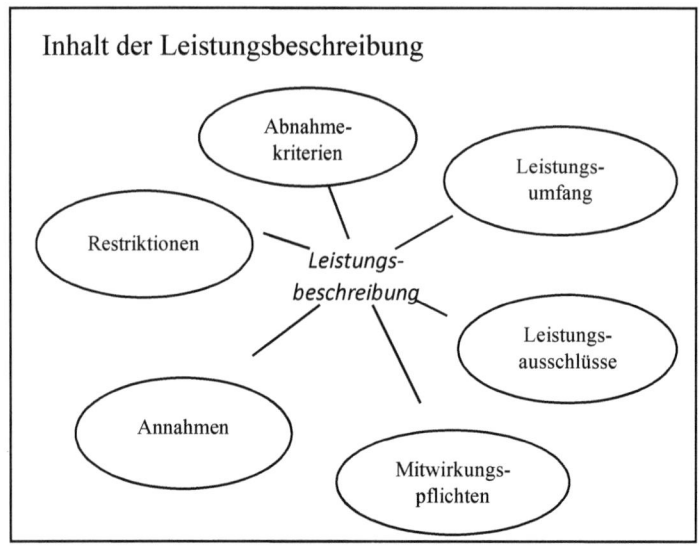

Inhalt der Leistungsbeschreibung

- Abnahme-kriterien
- Leistungs-umfang
- Restriktionen
- Leistungs-beschreibung
- Leistungs-ausschlüsse
- Annahmen
- Mitwirkungs-pflichten

Leistungsumfang („in scope")
Auf Basis der Anforderungen wird der Scope dargestellt. Das zu erstellende Produkt wird detaillierter beschrieben als im Projektauftrag.

Projektausschlüsse („out of scope")
Hier wird explizit angegeben, was nicht im Projektumfang enthalten ist bzw. welche Stakeholder-Erwartungen nicht erfüllt werden.

Mitwirkungspflichten
Wenn die Leistung nicht ohne Mitwirkung des Auftraggebers erbracht werden kann, sollte die vom Auftraggeber zu erbringende Unterstützung hier beschrieben werden.

Annahmen
Annahmen sind das, was wir für Planungszwecke als zutreffend erachten. Beispielsweise gehen wir bei der Planung davon aus, dass wir für die Realisierung Projektmitarbeiter haben werden, auch wenn sie derzeit noch nicht benannt sind. In Annahmen steckt grundsätzlich ein

Risikoanteil. Es könnte sein, dass sich die Annahme später als unzutreffend herausstellte.

Restriktionen
Zu den Restriktionen gehört alles, was die Optionen des Projektteams einschränkt, z.b. ein vorgegebener Endtermin, eine Budget-Obergrenze, die Einhaltung von gesetzlichen Bestimmungen etc.

Abnahmekriterien
Die Kriterien für die Abnahme fertig gestellter Ergebnisse werden definiert.

Die Leistungsbeschreibung für unser Beispiel „Köln-Kita" könnte so aussehen:

Leistungsumfang
Das Projekt richtet eine Kindertagesstätte mit altersgemischten Gruppen ein, wobei die Hälfte der Kinder jünger als drei Jahre ist.

Die Kindertagesstätte ist am Standort Köln im Firmengebäude untergebracht. Sie verfügt über Aufenthalts- und Spielräume, sanitäre Einrichtungen, Schlafräume für die Jüngsten, eine Küche und eine kleine Außenanlage.

Das Kernpersonal hat eine qualifizierte Fachausbildung. Es werden etwa 10 Erzieherinnen im Schichtdienst gebraucht, um die Öffnungszeiten von 7 Uhr bis 17 Uhr zu gewährleisten. Das Bringen und Abholen der Kinder ist außerhalb der Kernzeit flexibel möglich. Die Kernzeit ist von 10 Uhr bis 14 Uhr.

Die Kinder werden mit gesunden Mittagsmahlzeiten versorgt. Dazu wird mit der Hauskantine zusammengearbeitet. Die Babynahrung für Kleinkinder wird von den Erzieherinnen zubereitet. Eine kleine Küche gehört deshalb zur Anlage.

Die Ausrichtung der Tagesstätte und die erzieherischen Grundsätze werden in einem Tagesstättenprogramm festgelegt. Auf Mitwirkung der Eltern wird hierbei Wert gelegt.

Die Intranet-Seite wird hier nicht beschrieben, da sie agil entwickelt wird. Die Anforderungen werden vom Product Owner gesammelt und im Product Backlog als User Storys abgelegt.

Projektausschlüsse
Im Projektumfang ist nicht die Anmeldung enthalten ebenso wenig die Vergabe der Tagesstättenplätze. Das Tool für die Anmeldung via Intranet-Seite gehört allerdings zum Scope des Projekts.

Mitwirkungspflichten des Auftraggebers
Der Auftraggeber unterstützt bei der Ausstattung des Projekts mit internem Personal. Bei widerstreitenden Interessen in diesem Punkt setzt er Prioritäten.

Annahmen
♦ Fachkenntnisse über die gesetzlichen Bestimmungen zu Kindertagesstätten sind in der Personalabteilung vorhanden.
♦ Eigene Sanitäranlage für das Tagesstättenpersonal ist nicht erforderlich, die allgemeinen Sanitäranlagen am Standort können genutzt werden.

Restriktionen
Nach Entscheidung des Auftraggebers besteht das Projektteam aus Mitarbeitern der Personalabteilung. Externe Berater dürfen mit Ausnahme vom Architekten und den Handwerksbetrieben für den Umbau nicht eingesetzt werden.

Für die Entwicklung der Intranet-Seite werden fünf interne Entwickler bereitgestellt. Da bislang wenig Erfahrung mit agiler Entwicklung vorliegt, wird zeitweise ein externer Coach bereitgestellt. Product Owner ist ein interner Mitarbeiter.

Abnahmekriterien
1. Die Kindertagesstätte ist am vorgegebenen Datum betriebsbereit.
2. Die Tagesstätte ist bei der Öffnung zu mindestens 50 % ausgelastet.

3. Alle gesetzlichen Bestimmungen für Kindertagesstätten sind erfüllt.
4. Alle notwendigen behördlichen Genehmigungen liegen vor.

Your turn!

Versuchen Sie es!
Erstellen Sie die Leistungsbeschreibung „grüne Kantine"

Leistungsumfang

_____

_____

_____

_____

_____

_____

_____

_____

_____

_____

_____

_____

_____

_____

_____

_____

_____

_____

Leistungsausschlüsse

_____
_____
_____

Mitwirkungspflichten

_____
_____
_____
_____

Annahmen

_____
_____
_____
_____

Restriktionen

_____
_____
_____
_____

Abnahmekriterien

_____
_____
_____
_____
_____

Für diese Übung gibt es keine Musterlösung, da viele Varianten richtig sein können. Einen Vorschlag finden Sie im Lösungsteil. Beim Vergleich mit Ihrem Ergebnis mag Ihnen auffallen, dass Sie den Projektauftrag in der ein oder anderen Hinsicht ganz anders verstanden haben. Das zeigt, wie wichtig es ist, den Scope nach Erarbeitung der Leistungsbeschreibung (und des Projektstrukturplans) mit den Vorstellungen des Auftraggebers und anderer wichtiger Stakeholder abzugleichen. Wenn an dieser Stelle auf ausreichende Kommunikation verzichtet wird, weil man glaubt, die Stakeholder zu kennen und schon richtig verstanden zu haben, wird die Wurzel für spätere Unzufriedenheit und das Scheitern des Projekts gelegt.

3.2.1.2 Projektstrukturplan

Der Projektstrukturplan wird zu Recht als das zentrale Dokument des klassischen Projektmanagements angesehen. Er schafft Struktur und Übersicht. Die internationale Bezeichnung ist Work Breakdown Structure (WBS).

Der Projektstrukturplan stellt die gesamten Projektergebnisse und -zwischenergebnisse dar. Was nicht im Projektstrukturplan ist, gehört auch nicht zum Projektumfang. Im Projektstrukturplan wird das Projekt in kleinere besser managebare Teile zerlegt. Er ist hierarchisch nach Liefergegenständen gegliedert. Die Komponenten der untersten Ebene sind die Arbeitspakete.

Um Vollständigkeit zu erreichen, ist es sehr empfehlenswert, den Projektstrukturplan im Team mit den Projektmitarbeitern oder einem Teil der Projektmitarbeiter zu erstellen. Als willkommener Nebeneffekt wird die Identifikation des Teams mit dem Projekt unterstützt.

Der Projektstrukturplan ist die Basis für die gesamte weitere Planung und die Ausführung. Auf dieser Grundlage wird die Aufwands- und Kostenschätzung gemacht, die Terminplanung durchgeführt sowie die Personal- und Beschaffungsplanung.

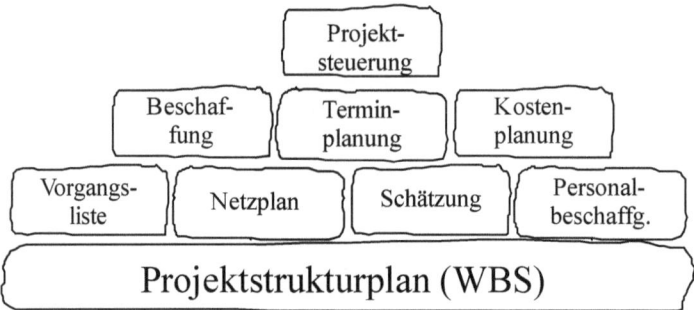

Projektstrukturplan (WBS)

Bei der Erstellung des Projektstrukturplans stellt sich immer die Frage, wie weit der Projektinhalt herunter gebrochen werden soll. Die angemessene Granularität ist erreicht, wenn jede der folgenden Fragen mit ja beantwortet werden kann.

Können die Arbeitspakete geschätzt werden?

Kann man ihre Fertigstellung eindeutig feststellen?

Kann man klare Verantwortlichkeiten zuweisen?

Zur Veranschaulichung dient der nachfolgend abgebildete Projektstrukturplan unseres „Köln-Kita"-Projekts. Die Intranet-Seite ist darin zwar aus Gründen der Vollständigkeit enthalten, aber nicht weiter herunter gebrochen, da sie ja agil entwickelt wird.

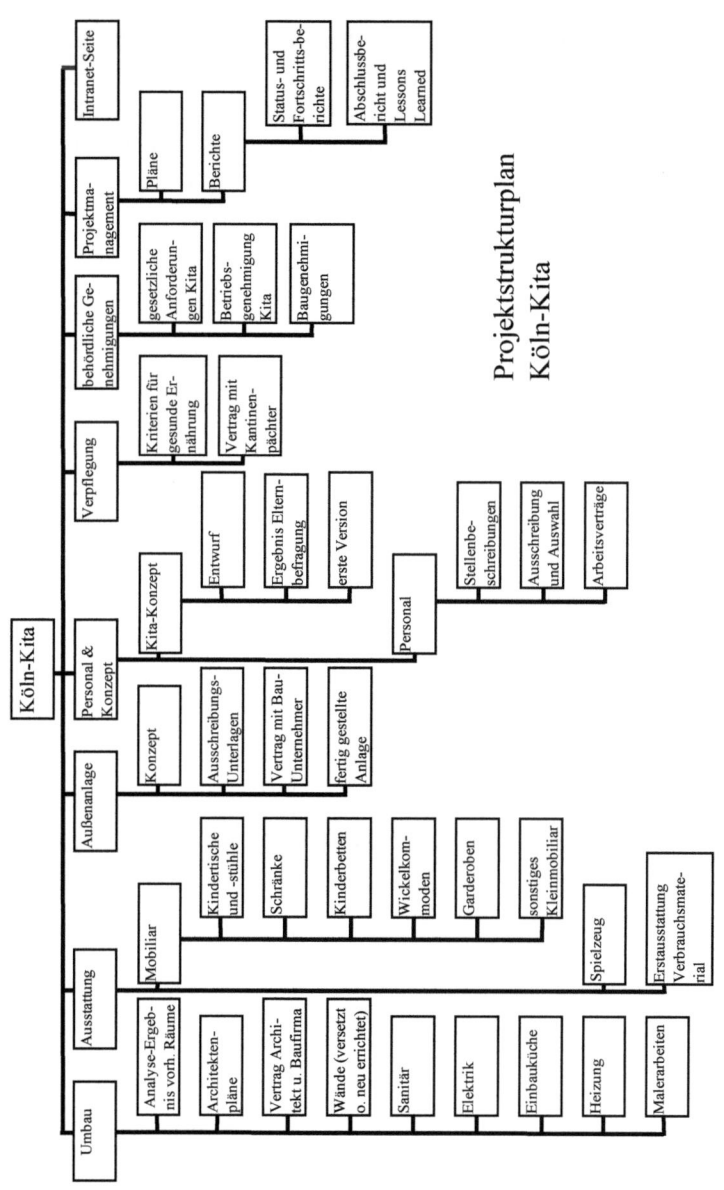

Projektstrukturplan
Köln-Kita

Versuchen Sie es! Erstellen Sie einen Projektstrukturplan für das Projekt „grüne Kantine".

Für diese Übung gibt es keine Musterlösung, da viele Varianten richtig sein können. Einen Vorschlag finden Sie im Lösungsteil.

grüne Kantine

3.2.1.3 Basispläne

An dieser Stelle soll der Begriff der Basispläne eingeführt werden, die typisch sind für das klassische Projektmanagement. Im Laufe des Projekts wird es unweigerlich zu Änderungen kommen. Das ist unvermeidlich und völlig in Ordnung, solange die Änderungen für alle Beteiligten transparent sind. Häufig gibt es jedoch schleichende Änderungen am Inhalt und Umfang des Projekts. den sog. Scope Creep. Dabei werden Änderungswünsche stillschweigend umgesetzt, ohne deren Auswirkungen vorab zu prüfen. Am Ende ist auch nicht mehr klar, wie viele Änderungen es im Laufe des Projekts eigentlich gegeben hat. Schon gar nicht ist klar, wie stark der Scope dadurch angewachsen und wie weit dies Ursache für die Verfehlung der Zeit- und Kostenziele gewesen ist. Scope Creep ist im klassischen Projektmanagement unerwünscht. Beim agilen Ansatz ist der Scope flexibel und veränderungsoffen. Es ist das Wesen des agilen Ansatzes, dass der Product Owner dem Product Backlog Anforderungen in Form von dokumentierten User Storys hinzufügt oder vorhandene modifiziert. Allerdings soll er oder sie nicht in den laufenden Sprint eingreifen. Das wäre auch hier unerwünschter Scope Creep, der nicht transparent und nachvollziehbar ist.

Um Änderungen beim klassischen Ansatz in den Griff zu bekommen, sind Basispläne notwendige Voraussetzung. Basispläne legen das ursprünglich geplante und abgestimmte Projekt fest. Es gibt je einen Basisplan für

- Inhalt und Umfang (Scope)
- Termin
- Kosten

Im Moment interessiert der Scope Basisplan. Er wird gebildet aus der Leistungsbeschreibung und dem Projektstrukturplan.

Scope Basisplan = Leistungsbeschreibung + WBS

3.2.2 Terminplanung

Nachdem wir den Scope geklärt haben, können wir die Terminplanung in Angriff nehmen.

3.2.2.1 Methode des kritischen Pfads

Für die Terminplanung nehmen wir uns jedes Arbeitspaket vor und führen die folgenden Schritte durch:
1. Vorgangsliste erstellen
2. Reihenfolge festlegen
3. Aufwände schätzen
4. Dauern schätzen
5. Terminplan entwickeln

1. Vorgangsliste erstellen
   Wir überlegen uns für jedes Arbeitspaket, was für seine Erstellung zu tun ist. Als Beispiel zur Erläuterung nehmen wir das Arbeitspaket „Analyse der vorhandenen Räumlichkeiten" aus unserem Projekt „Köln-Kita".

   Um das Arbeitspaket „Analyse der vorhandenen Räumlichkeiten" erstellen zu können, sind nach unserer Überlegung folgende Vorgänge notwendig:
   A. Anforderungen an die Räumlichkeiten festlegen (Anzahl und Größe der Räume)
   B. behördliche Anforderungen an Räume von Arbeitspaket „gesetzliche Anforderungen" erfragen
   C. weitere Anforderungen festlegen (Lärmschutz u.a.)

D. Besichtigung der möglichen Räume und Prüfung auf grundsätzliche Eignung
E. Absprache mit Architekten auf Machbarkeit
F. Einschätzung der erforderlichen Umbaumaßnahmen
G. Zusammenfassung in Dokument „Analyseergebnis"

2. Reihenfolge festlegen
Als nächstes haben wir uns die Reihenfolge der Arbeiten zu überlegen.

Um die Anforderungen an die Räumlichkeiten festzulegen, brauchen wir zuerst die Informationen über behördlichen Anforderungen. Deshalb kann Vorgang A erst erfolgen, wenn B erledigt ist. Weitere Anforderungen wie die Lärmschutzbedürfnisse der Standortmitarbeiter kann man unabhängig davon bereits eruieren. Das bedeutet, Vorgang C kann parallel zu A und B laufen. Vor der Besichtigung müssen aber alle Anforderungen auf dem Tisch liegen. Der Architekt sollte an der Besichtigung teilnehmen, so dass man im Anschluss daran mit ihm die grundsätzliche Machbarkeit erörtern kann. Danach werden die erforderlichen Umbaumaßnahmen eingeschätzt. Dann erst kann das Analyseergebnis dokumentiert werden. Damit ergibt sich folgender Ablauf:

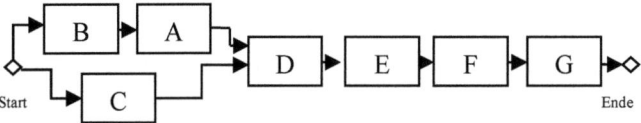

Dieses Ablaufdiagramm heißt Netzplan. Bei der Erstellung des Netzplans wurde hier stillschweigend eine bestimmt Anordnungsbeziehung vorausgesetzt: Ein Vorgang beginnt erst, wenn sein Vorgänger beendet ist. Das ist die sog. Normalfolge. Insgesamt gibt es vier mögliche Anordnungsbeziehungen.

Anordnungsbeziehungen

Anfang - Ende (Normalfolge): Der erste Vorgang muss enden und dann kann der nächste anfangen.

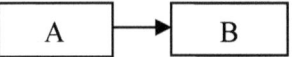

Anfang - Anfang: Der erste Vorgang muss anfangen und dann (oder zeitgleich) kann der nächste anfangen.

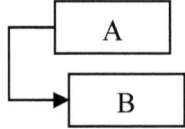

Ende - Ende: Der erste Vorgang muss enden und dann (oder zeitgleich) kann der nächste enden.

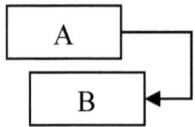

Ende - Anfang: Der erste Vorgang muss anfangen und dann kann der nächste enden. Dies ist eine theoretische Anordnungsbeziehung, die in der Praxis so gut wie keine Anwendung findet.

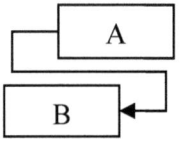

Den Netzplan erstellen wir für alle unsere Arbeitspakete und verknüpfen diese untereinander, so dass ein Netzplan für das gesamte Projekt entsteht.

3. Aufwände schätzen

Als nächstes legen wir den Aufwand eines jeden Vorgangs fest. Der Aufwand eines Vorgangs ist etwas anderes als seine Dauer. Nehmen wir an, der Aufwand eines Vorgangs betrage 10 Tage. Seine Dauer kann dann davon abhängen, wie viele Personen an dem Vorgang arbeiten. Die Dauer kann auch dadurch bestimmt sein, dass die Arbeit nicht in einem Stück geleistet werden kann, etwa weil noch Abstimmungen mit anderen abgewartet werden müssen.

Die Dauer eines Vorgangs kann häufig durch die Erhöhung der Mitarbeiteranzahl verkürzt werden. Das gilt aber nicht immer. Die Spieldauer eines Musikstücks lässt sich nicht dadurch verkürzen, dass man die Anzahl der Geiger erhöht.

Der Aufwand der Vorgänge in unserem Beispiel wurde geschätzt wie in nachfolgender Tabelle angegeben. Die Schätzeinheit ist Aufwandstage. Folgende Überlegungen liegen der Schätzung zu Grunde: Die Einschätzung der erforderlichen Umbaumaßnahmen erfordert das ein oder andere Gespräch mit dem Architekten, an dem wenigstens zwei Teammitglieder teilnehmen sollen. Dadurch ist der Aufwand von 10 Tagen entstanden. Die Besichtigung soll mit drei Mitarbeitern gemacht werden. Der Aufwand des Architekten ist nicht zu berücksichtigen, da sein Aufwand generell in einem anderen Arbeitspaket geregelt ist.

Vorgang	Aufwand in Tagen
A. Anforderungen an Räumlichkeiten festlegen (Anzahl und Größe der Räume)	½
B. gesetzliche Anforderungen an Räume von Arbeitspaket „behördliche Anforderungen" erfragen	½
C. weitere Anforderungen festlegen (Lärmschutz u.a.)	2
D. Besichtigung der möglichen Räume und Prüfung auf grundsätzliche Eignung	1 ½

Vorgang	Aufwand in Tagen
E. Absprache mit Architekten auf Machbarkeit	1 ½
F. Einschätzung der erforderlichen Umbaumaßnahmen	10
G. Zusammenfassung in Dokument „Analyseergebnis" inkl. Prüfung	2

4. Dauern schätzen

Wenn wir eine Vorstellung vom Aufwand haben, können wir anschließend die Dauer abschätzen. Schätzeinheit sind im Beispiel „Köln-Kita" Arbeitstage. Folgende Überlegungen haben bei der Schätzung eine Rolle gespielt:

Um weitere Anforderungen festzulegen, müssen diverse Stellen kontaktiert werden, auf deren Antwort in der Regel ein bis drei Tage gewartet werden muss. Die Besichtigungsdauer wird mit ½ Tag festgelegt. Für den Vorgang „Einschätzung der erforderlichen Umbaumaßnahmen" ist das ein oder andere Gespräch mit dem Architekten zu vereinbaren, was eine gewisse geringe Vorlaufzeit benötigt. Das Dokument „Analyseergebnis" wird nach dem Entwurf an die anderen Teammitglieder zur kurzen Überprüfung gegeben.

Vorgang	Aufwand in Tagen	Dauer in Arbeitstagen
A. Anforderungen an Räumlichkeiten festlegen (Anzahl und Größe der Räume)	½	½
B. gesetzliche Anforderungen an Räume von Arbeitspaket „behördliche Anforderungen" erfragen	½	½

Vorgang	Aufwand in Tagen	Dauer in Arbeitstagen
C. weitere Anforderungen festlegen (Lärmschutz u.a.)	2	6
D. Besichtigung der möglichen Räume und Prüfung auf grundsätzliche Eignung	1 ½	½
E. Absprache mit Architekten auf Machbarkeit	1 ½	2
F. Einschätzung der erforderlichen Umbaumaßnahmen	10	15
G. Zusammenfassung in Dokument „Analyseergebnis"	2	4

5. Terminplan entwickeln

Jetzt haben wir die Informationen, um unseren Netzplan mit der Dauer der Vorgänge zu ergänzen. Dazu wird im Netzplan jedem Vorgang seine Dauer zugeordnet. Die Gesamtdauer des Arbeitspakets ist dann durch den längsten Pfad des Netzplans festgelegt, den sog. „kritischen Pfad".

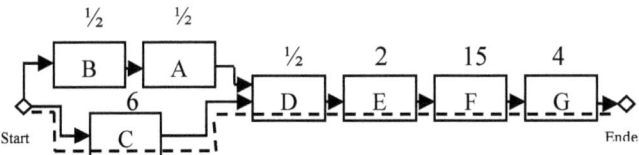

Die Dauer für den Beispiel-Netzplan steht über dem zugehörigen Vorgang.

Der sog. „kritische Pfad" ist gestrichelt dargestellt. Das Arbeitspaket dauert demnach 27 ½ Tage.

Die Methode, mit der wir die Dauer des Arbeitspakets berechnet haben, nennt sich die Methode des kritischen Pfads. Ein Pfad ist eine Folge von Vorgängen, die vom Start zum Ende läuft. Das frühest mögliche Ende wird durch den längsten Pfad bestimmt.

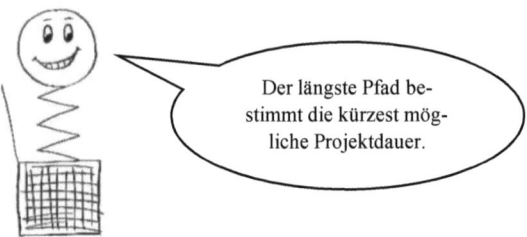

Der längste Pfad bestimmt die kürzest mögliche Projektdauer.

Der Netzplan wird für das gesamte Projekt erstellt und mit der Methode des kritischen Pfads die Projektdauer berechnet. Kritische Vorgänge sind Vorgänge auf dem kritischen Pfad. Ändert sich deren Dauer, dann hat das Auswirkungen auf die Projektdauer. Jeder Netzplan hat mindestens einen kritischen Pfad.

Puffer
Der kritische Pfad ist dadurch gekennzeichnet, dass seine Vorgänge keinen Puffer haben. Anders ist es bei Vorgängen, die nicht auf dem kritischen Pfad liegen. In unserem Beispiel haben die Vorgänge B und A zusammen 5 Tage Puffer. Das bedeutet, wenn einer von ihnen 5 Tage länger dauert, verzögert sich dadurch noch nicht das Arbeitspaket-Ende.

Vorlaufzeiten und Nachlaufzeiten
Manchmal ist es sinnvoll, Vorlaufzeiten oder Nachlaufzeiten einzuplanen. Vorlaufzeiten sind in den Terminplan eingefügte Wartezeiten, beim Hausbau beispielsweise die Trocknungszeit für die Bodenplatte. Erst nach der Trocknung des Bodens kann mit dem Mauerbau begonnen werden. Nachlaufzeiten sind das Gegenstück, nämlich Überlappungen von Vorgängen.

Your turn!

Versuchen Sie es!

Ein Projekt umfasst die nachfolgend wiedergegebenen Vorgänge. Zeichnen Sie den Netzplan und berechnen Sie den kritischen Pfad. Das korrekte Ergebnis finden Sie im Lösungsteil.

Vorgang	Vorgänger	Dauer
A	Start	10
B	A	5
C	A	7
D	B	2
E	D	8
F	B, C	10
G	F	3
Ende	G, E	

Netzplan:

Das Arbeitspaket dauert:

Wenn wir mit der Methode des kritischen Pfads nicht nur wie hier einzelne Arbeitspakete, sondern unser gesamtes Projekt durchrechnen, wird die Berechnung sehr komplex. In der Praxis hilft uns dabei eine Projektmanagement-Software. Das sind Programme, die in der Lage sind, Vorgänge und ihre Abhängigkeiten abzubilden. Daneben lassen sich auch Ressourcen, Aufwände und individuelle Kalender abbilden.

3.2.2.2 Verdichten des Terminplans

Wenn wir den Terminplan mit der Methode des kritischen Pfads berechnet haben, kann es passieren, dass das berechnete Ende nicht mit dem vom Auftraggeber gewünschten Ende übereinstimmt. In der Regel ist es unproblematisch, wenn wir früher als erwartet fertig werden. Dagegen müssen wir unseren Terminplan verdichten, wenn unser berechnetes Ende hinter dem gewünschten liegt. Um den Terminplan zu verdichten, ohne den Scope des Projekts zu verkleinern, stehen uns folgende gängigen Methoden zur Verfügung.

- Ressourcenerhöhung (Crashing)
- Parallelisierung (Fast Tracking)
- Vorgänge weglassen

Alle Verdichtungsmethoden machen nur Sinn, wenn sie auf kritische Vorgänge angewendet werden. Vorgänge zu verkürzen, die noch Puffer haben, würde keinen Sinn machen, weil das Projekt-Ende dadurch nicht vorgezogen würde. Das Projekt-Ende wird durch die Verkürzung von kritischen Vorgängen nur dann um den verkürzten Wert vorgezogen, wenn kein neuer kritischer Pfad auftaucht. Das wird an folgendem Beispiel deutlich:

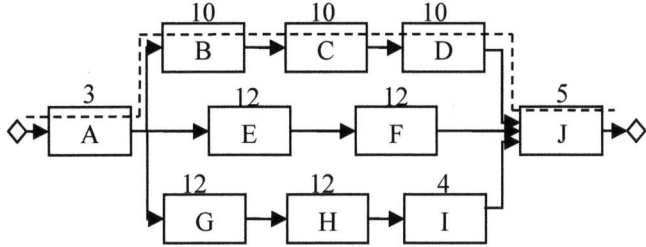

Der kritische Pfad (gestrichelt dargestellt) hat hier eine Dauer von 38 Tagen. Wenn der kritische Vorgang B um 4 Tage verkürzt wird, reduziert sich die Projektdauer lediglich um zwei Tage, weil in dem Fall der Pfad A-G-H-I-J mit einer Dauer von 36 Tagen zum neuen kritischen Pfad wird und die Dauer des Projekts bestimmt.

3.2.2.2.1 Ressourcenerhöhung

Kritische Vorgänge, Vorgänge auf dem kritischen Pfad, werden mit mehr Ressourcen versehen, um deren Dauer zu verkürzen (Crashing). Beispiel: Vorgang B wird durch Crashing um fünf Tage verkürzt. Dadurch wird das Projekt fünf Tage früher fertig.

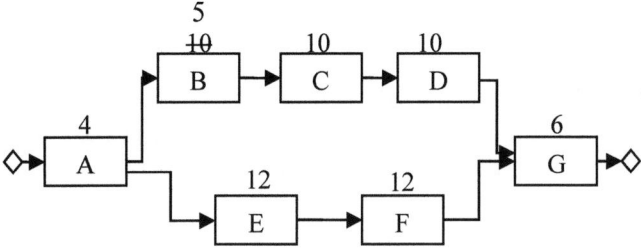

Das Verdichten des Terminplans durch Ressourcenerhöhung erhöht gewöhnlich die Projektkosten.

3.2.2.2.2 Parallelisierung

Ursprünglich sequentiell geplante kritische Vorgänge werden nun parallel geplant (Fast Tracking). Dadurch wird deren gemeinsame Dauer verkürzt. In der Regel wird durch die Parallelisierung das Risiko erhöht, denn es gab ja einen Grund für die ursprünglich sequentielle Planung.

Beispiel: Man fängt mit der Realisierung bereits an, wenn das Konzept noch nicht ganz fertig ist. Dadurch hat man die Chance, schneller fertig zu werden und das Risiko, Nacharbeiten machen zu müssen, wenn die Fertigstellung des Konzepts neue Erkenntnisse bringt.

3.2.2.2.3 *Vorgänge weglassen*

Wenn der Scope des Projekts nicht geändert werden soll, kann man nur solche Vorgänge weglassen, die nicht unmittelbar mit der Erstellung des Scopes zu tun haben, beispielsweise bestimmte Qualitätsvorgänge. Man lässt einen Test weg, gewinnt damit Zeit und nimmt dafür Risiken bei der Qualität in Kauf. Auch das kann eine sinnvolle Option sein, wenn man sich über das genaue Qualitätsrisiko im Klaren ist.

3.2.2.3 Terminbasisplan

Basispläne sind dazu da, Änderungen zu erkennen und einzuschätzen. Der Terminbasisplan, gegen den Terminänderungen geprüft werden, ist ein geeigneter Auszug des Terminplans mit den wichtigsten Eckterminen. Es macht keinen Sinn, den kompletten Terminplan in seiner ganzen Detailtiefe zum Basisplan zu machen. Das würde bedeuten, dass jede Verschiebung eines beliebigen Vorgangs (womöglich eines Vorgangs, der noch Puffer hat) als förmliche Änderung zu betrachten ist, die einem bestimmten Änderungsverfahren unterliegt und die Zustimmung des Auftraggebers braucht. Es gibt jedoch Verschiebungen im Terminplan, die allein der Entscheidung des Projektmanagers unterliegen sollten, weil es sich bei ihnen lediglich um Korrekturen und Anpassungen handelt, die die Ecktermine nicht berühren. Deshalb also erklärt man einen geeigneten, nicht zu detaillierten Auszug aus dem Terminplan zum Basisplan, der es den Stakeholdern erlaubt, die Einhaltung der Termine mit genügender Sicherheit zu überprüfen.

Terminbasisplan = geeigneter Auszug aus dem Terminplan

3.2.3 Kostenplanung

Bei der Kostenplanung geht es darum, die Kosten für das Projekt zu ermitteln und zusammenzustellen. Um die Kosten zu ermitteln, bedienen wir uns geeigneter Schätzmethoden. Alle hier dargestellten Schätzmethoden können auch in agilen Projekten eingesetzt werden, allerdings hat sich hier die Schätzklausur weitgehend durchgesetzt.

3.2.3.1 Vergleichende Schätzung

Wir vergleichen unser Projekt mit einem ähnlichen Projekt aus der Vergangenheit und treffen die Annahme, dass wir es auch mit ähnlichen Kosten zu tun haben werden. Auf diese Weise können wir recht schnell unsere voraussichtlichen Kosten ermitteln. Da allerdings verschiedene Projekte nur bedingt miteinander vergleichbar sind - es ist ja gerade das Wesen eines Projekts, dass es einmalig ist - ist die Genauigkeit und Zuverlässigkeit der Schätzung eher weniger hoch. Als erste Größenordnung und zur Plausibilisierung eignet sich diese Schätzmethode jedoch sehr gut.

3.2.3.2 Bottom-up-Schätzung

Jedes einzelne Arbeitspaket wird geschätzt und die geschätzten Kosten aller Arbeitspakete werden zu den Gesamtkosten des Projekts aufaddiert. (Soweit bei der Terminplanung bereits Aufwände ermittelt wurden, werden diese hier in Geldbeträge umgerechnet mit Hilfe von Stunden- oder Tagessätzen.) Die Bottom-up-Schätzmethode ist recht genau, allerdings auch recht aufwändig.

Die Kosten des einzelnen Arbeitspakets können von einem einzelnen Mitarbeiter geschätzt werden oder auch von einem Team. Eine in der Praxis bewährte Methode der Teamschätzung ist die Schätzklausur.

3.2.3.3 Schätzklausur

Ziel der Schätzklausur ist es, mit Hilfe der Durchschnittsbildung über mehrere Schätzwerte zu Ergebnissen zu gelangen, die gesicherter sind als Einzelschätzungen. Die Schätzklausur wird von einem Moderator aus dem Teilnehmerkreis geleitet. Insgesamt sollte der Teilnehmerkreis nicht größer als 5 bis 6 Personen sein, um die Arbeitsfähigkeit der Gruppe nicht einzuschränken. Es macht Sinn, nach Möglichkeit auch Experten von außerhalb des Projekts hinzuzuziehen.

Der Arbeitspaketverantwortliche stellt die Arbeitsschritte und übergreifenden Tätigkeiten seines Arbeitspakets einzeln vor. Verständnisfragen sind zulässig und erwünscht. Erfahrungsgemäß stellen insbesondere die Experten von außerhalb Fragen, die zur weiteren Klärung beitragen. Nicht erwünscht sind hier inhaltliche Diskussionen. Es geht nur um die Klärung von Verständnisfragen.

Nach der Erläuterung eines Arbeitsschrittes sind die Teilnehmer aufgefordert, ihren Schätzwert verdeckt auf einem Kärtchen niederzuschreiben, nachdem man sich zuvor auf die Schätzeinheit (z.B. Tage oder Stunden) geeinigt hat. Erst auf ein Zeichen hin werden die Werte gezeigt.

Wenn die Abweichungen nicht zu groß sind (Faustregel: größter Wert max. doppelt so groß wie kleinster Wert), wird aus den Schätzwerten das arithmetische Mittel gebildet. Falls die Schätzwerte stärker voneinander abweichen, erläutern die Schätzer der beiden Extremwerte ihre Schätzung.

Durch die Erläuterung wird in der Regel deutlich, von welchen unterschiedlichen Annahmen und Randbedingung die beiden Schätzer ausgegangen waren. In der Diskussion stellt sich meistens heraus, dass der Inhalt der geschätzten Arbeit unklar oder unvollständig war oder der Funktionsumfang nicht deutlich wurde.

Nach dieser Klärung wird der Arbeitsschritt abschließend von allen Teilnehmern neu geschätzt. Sollten die Schätzwerte weiterhin stark voneinander abweichen, ist das ein Hinweis dafür, dass die Schätzgrundlagen nicht genügend geklärt sind. Die Schätzklausur wird für dieses Arbeitspaket abgebrochen. Das Arbeitspaket muss zunächst bessere Schätzgrundlagen erarbeiten. Lassen sich die Schätzgrundlagen nicht präzisieren, muss man in den Prozess der Auftragsklärung zurückgehen.

Mangelhafte Schätzgrundlagen können letztendlich zu der Entscheidung führen, keine festen Aufwände zuzusagen.

3.2.3.4 Kostenbasisplan

Die über Schätzungen ermittelten Projektkosten sind noch nicht die insgesamt zu veranschlagenden Kosten. Es fehlt noch die Risikoreserve, die nach der Risikoplanung ermittelt wird (s. auch Kapitel Risikoplanung). Die Risikoreserve ist eine Rückstellung in bestimmter Höhe für jedes ermittelte Risiko, d.h. für die sog. bekannten Risiken. Die Höhe der Reserve hängt von der Eintrittswahrscheinlichkeit und Auswirkung des Risikos ab.

Kostenbasisplan = geschätzte Projektkosten + Risikoreserve

3.3 Planung beim agilen Ansatz

Als agiler Ansatz wird hier der Ansatz mit Scrum als Beispiel herangezogen. Es wird ein kurzer Abriss von Scrum gegeben, um dann die Planungsaktivitäten erläutern zu können.

3.3.1 Übersicht Scrum

In Scrum wird der Scope in User Storys gefasst. Eine User Story ist eine knappe Anforderung, konsequent aus der Sicht des Nutzers formuliert. Die User Storys werden im Product Backlog gesammelt und priorisiert. Dem Product Owner kommt hier eine wichtige Rolle zu. Er oder sie ist zuständig für das Product Backlog und die Priorisierung, hat also die Aufgabe, den Scope zu bestimmen und die Reihenfolge der Realisierung.

Das Scrum-Team besteht aus Entwicklern, dem Product Owner sowie dem Scrum Master. Letzterer hat eine Rolle als Coach für das Team, insbesondere beseitigt er oder sie alle Hindernisse, die ansonsten die Arbeitsfähigkeit des Teams einschränken würde.

Das Entwicklerteam besteht aus wenigen Mitarbeitern, etwa fünf bis sieben gelten als ideal. Es handelt sich also um ein kleines Team, das sich selbst organisieren kann. Einen Projektmanager gibt es nicht, die Aufgaben des Projektmanagements übernehmen Product Owner und Scrum Master, zum Teil auch das Team selbst.

Die Entwicklung erfolgt in Sprints. Ein Sprint ist eine Zeitperiode von fester Dauer. Die Dauer der Sprints wird zu Beginn des Projekts festgelegt, i.d.R. liegt die Dauer zwischen zwei und vier Wochen. In jedem Sprint wird eine Anzahl von User Storys abgearbeitet. Welche das sind, wird im Sprint Planning festgelegt. Das Sprint Planning findet zu Beginn eines jeden Sprints statt. Nach dem Sprint erfolgt das Sprint-Review, in welchem die realisierten Ergebnisse vorgestellt und vom Product Owner bewertet werden.

Das Verfahren gibt dem Product Owner eine hohe Flexibilität bei der Gestaltung des Scopes und dessen Realisierung.

3.3.2 User Storys

User Storys haben gewöhnlich eine bestimmte Form:

> Als [Rolle] möchte ich [Wunsch], um [Nutzen]

Damit wird sichergestellt, dass die Anforderung aus Sicht des Users beschrieben ist. Die User Story besteht nur aus einem oder zwei Sätzen und wird ergänzt um Akzeptanzkriterien. Jede User Story hat ein oder mehrere Akzeptanzkriterien.

3.3.3 Rollen in Scrum

Die wesentlichen Rollen in Scrum sind Product Owner, Scrum Master und Entwickler. Alle zusammen bilden das Scrum-Team.

Da der Product Owner verantwortlich für den Scope und das auszuliefernde Produkt ist, hält er oder sie engen Kontakt zu den späteren Nutzern des Produkts, um ihre Bedürfnisse und Anforderungen zu verstehen. Da er oder sie den Scope durch Auswahl und Priorisierung der User Storys gestaltet, muss es sich um eine entscheidungsfähige und entscheidungsfreudige Person handeln. Sie ist mit weitreichenden Entscheidungsbefugnissen zum Scope des agilen Projekts ausgestattet.

Der Scrum Master ist verantwortlich für das Scrum-Vorgehen, sorgt für die Meetings, hält Ausschau nach Hindernissen und räumt sie für das Entwicklerteam aus dem Weg. Der Scrum Master muss deshalb proaktiv agieren, um Hindernisse möglichst schon vorab zu entdecken. Er oder sie muss umsetzungsstark sein, um diese Hindernisse aus dem Weg zu räumen.

Das Entwicklerteam schließlich erstellt den Scope und damit das auszuliefernde Produkt. Es sollte so aufgestellt sein, dass alle für die Umsetzung des Projekts erforderlichen Kenntnisse und Fähigkeiten im Team vorhanden sind und es keine weiteren Mitarbeiter von außen braucht. Das Entwicklerteam organisiert sich selbst und arbeitet eigenverantwortlich. Insbesondere teilt niemand die User Storys bestimmten Entwicklern zu, das Team einigt sich, wer welche User Story am besten bearbeiten kann.

Neben dem Scrum-Team sind die späteren User durchaus erwünschte Teilnehmer, etwa beim Planning oder beim Review. Sie wirken unterstützend für den Product Owner, der möglicherweise nicht in jedem Detail die Anforderungen der User bewerten kann. Dem Entwicklerteam gibt ihre Teilnahme die Chance zur Klärung von Einzelheiten der User Storys. Auch der Projektmanager oder die Projektmanagerin des möglicherweise vorhandenen übergeordneten Projekts kann sich etwa beim Review ein Bild vom Entwicklungsstand machen.

3.3.4 Meetings in Scrum

Das Planning und das Review wurden bereits erwähnt. Beim Planning wird entschieden, welche User Storys im nächsten Sprint bearbeitet werden. Diese werden Teil des Sprint Backlogs, wandern also vom Product Backlog ins Sprint Backlog. Damit sind sie vorgesehen für die Realisierung im nächsten Sprint, vorausgesetzt sie sind hinreichend genau definiert. Ob eine Story entwicklungsreif ist, wird anhand von Kriterien entschieden, die in der „Definition of Ready" niedergelegt sind.

Als Beispiel sei hier eine Definition of Ready für die Intranet-Seite unseres Projekts „Köln-Kita" gegeben:

Intranet-Seite „Köln-Kita"
Definition of Ready

- Die User Story ist geschätzt
- Die User Story kann innerhalb eines Sprints realisiert werden, ist also klein genug
- In der User Story sind Akzeptanzkriterien genannt
- Alle Verständnisfragen des Entwicklerteams sind geklärt

Das gesamte Scrum-Team nimmt am Planning teil. Der Product Owner wählt die User Storys aus, die im kommenden Sprint realisiert werden sollten. Der Aufwand für jede einzelne Story wird vom Team geschätzt, die Schätzung kann wie im Abschnitt „Schätzklausur" beschrieben ablaufen. In Scrum wird sie meistens als „Planning Poker" bezeichnet. Die Schätzeinheit kann wie bei der Schätzklausur Aufwandstage sein, häufig werden Story Points bevorzugt. Sie sind eine Einheit, die die Komplexität der Story spiegeln soll. Die Aufwandsschätzung in Zeiteinheiten ist abhängig ist vom Realisierer - ein erfahrener Entwickler wird weniger Zeit benötigen als ein Neuling - und die Komplexität ausgedrückt in Story Points ist unabhängig davon. Als Referenz wird eine User Story mittlerer Größe verwendet, der man eine bestimmte Anzahl von Story Points zuteilt. Andere User Storys werden dann im Verhältnis zur Referenzstory geschätzt. Die Story Points orientieren sich an einer Fibonacci- Reihe:

Das reflektiert die Tatsache, dass die Genauigkeit der Schätzung mit steigender Komplexität abnimmt, was realitätsnah ist.

Wenn die Storys geschätzt sind, kann entschieden werden, welche User Storys tatsächlich im kommenden Sprint realisiert werden können, denn das Team kann nur einen bestimmten Aufwand je Sprint abarbeiten.

Nach einem Sprint wird das Review durchgeführt. Bei diesem Meeting werden die fertigen User Storys vorgestellt und Feedback des Product Owners eingeholt. Ob eine User Story fertiggestellt ist, wird anhand von Kriterien geprüft, die in der Definition of Done abgelegt sind. Die Definition of Done wird mit dem Product Owner abgesprochen. Sie ist wichtig, damit alle im Team dasselbe Verständnis von der Fertigstellung einer User Story haben. Ansonsten könnte beispielsweise der eine Entwickler die User Story für fertiggestellt halten, wenn die Codierung abgeschlossen ist, ein anderer hielte die Story erst für fertig, wenn sie in die Versionsverwaltung eingecheckt ist. Ein dritter würde für die Fertigstellung noch einen Test erwarten. Als Beispiel sei hier die Definition of Done für die Intranet-Seite der „Köln-Kita" gegeben.

Intranet-Seite „Köln-Kita"
Definition of Done

♦ Die User Story ist vollständig umgesetzt und in die Versionsverwaltung eingecheckt

♦ Sie ist auf Fehler und auf Erfüllung ihrer Akzeptanzkriterien getestet

♦ Es sind keine Fehler vorhanden, die nach Qualitätsplan als schwerwiegend eingestuft sind

---

Neben dem Planning und dem Review gibt es in Scrum noch die Retrospective, abgekürzt Retro. Während beim Planning und beim Review Vertreter des Kunden gern gesehene Gäste sind, nimmt an der Retro nur das Scrum-Team teil. In diesem Meeting geht es darum, auf den vergangenen Sprint zurückzuschauen mit der Absicht, Verbesserungspotential zu entdecken. Die Retrospective dient also der kontinuierlichen Verbesserung der Teamleistung. Damit die Erfolge, aber eben auch die Schwächen offen besprochen werden können, gilt die Regel „What happens in Vegas, stays in Vegas". Das bedeutet nichts anderes, als dass Vertraulichkeit als vereinbart gilt, auf die sich jeder verlassen kann.

Beispiel einer Retro der „Köln-Kita":

Intranet-Seite „Köln-Kita" **Retro Sprint 1**			
Das lief gut	Das hätte besser laufen können	Das behalten wir bei	So machen wir es besser
	Die Spalten der Tabelle werden von den Teilnehmern mit Kommentaren und Vorschlägen auf Haftnotizen befüllt.		

Als letztes Meeting in Scrum ist das Daily Scrum zu erwähnen, Hierbei handelt es sich um ein sehr kurzes tägliches Stand-up, also ein Meeting, das im Stehen abgehalten wird und nicht länger als eine Viertelstunde dauern sollte. Jeder Entwickler stellt knapp seine heutige Arbeit vor und insbesondere seine Schwierigkeiten oder Hindernisse, bei denen möglicherweise Kollegen oder der Scrum Master helfen können.

3.3.5   Beispiel

Am Beispiel „Intranet-Seite Köln-Kita" soll das Aufsetzen des agilen Projekts demonstriert werden.

Dabei gehen wir von folgenden Annahmen aus:
1.   Das Scrum-Team sei bereits bekannt und namentlich benannt.

2. Da es sich um eine Intranet-Anwendung handelt und die Entwickler aus der hauseigenen IT kommen, gehen wir davon aus, dass der technologische Ansatz bekannt ist. Wenn dies nicht der Fall wäre, müsste ggf. zunächst ein Sprint vorgeschaltet werden, um das technische Gerüst zu klären. Hier können wir jedoch unmittelbar mit der Umsetzung der fachlichen User Storys beginnen.

Unter diesen Annahmen plant das Team das Scrum-Vorgehen. Es einigt sich zunächst auf die Sprintdauer. Bei volatilem Scope entscheidet man sich besser für eine kurze Sprintdauer von nur zwei Wochen, ansonsten für eine längere von drei oder vier Wochen. Das Team entscheidet sich in diesem Fall einer überschaubaren Erweiterung des vorhandenen Intranets für eine Sprintdauer von drei Wochen. Im Verlauf des Projekts könnte die Sprintdauer bei Bedarf auch nochmal angepasst werden.

Das Scrum-Team kennt aus dem Projektauftrag das Budget für das Gesamtprojekt in Höhe von 900.000 Euro. Daraus kann es jedoch nicht schließen, welcher Anteil für das agile Projekt zur Verfügung steht, mit welchen Tagessätzen die Mitarbeiter des Scrum-Teams verrechnet werden und wie viel Aufwand letztendlich für die Entwicklung zur Verfügung steht. Hier wird ein klärendes Gespräch mit dem Projektleiter des übergreifenden Projekts und mit dem Auftraggeber gesucht. Als Ergebnis erhält das Team die Info, dass der interne Verrechnungssatz je Mitarbeiter 500 Euro pro Tag beträgt. Das Scrum-Team kostet also pro Tag 3.500 Euro und pro Woche 17.500 Euro. Der Projektmanager hat für die agile Entwicklung ein Budget von 270.000 Euro vorgesehen. Damit sind etwa 15 Wochen zu finanzieren, also 5 Sprints. Dann bleiben aus dem Budget noch 7.500 Euro für den externen Coach. Die überschlägige Berechnung hat geplante Urlaube nicht berücksichtigt. Für diese Zeiten ist kein interner Verrechnungssatz zu zahlen, so dass das Budget für die Sprints nicht vollständig ausgeschöpft wird. Das lässt den notwendigen Spielraum für die laufenden Planungen zum Aufsetzen des agilen Projekts.

Das Team hat sich vergewissert, dass weitere Kosten, etwa für die Nutzung der Infrastruktur oder SW-Lizenzen, nicht aus dem Budget zu bestreiten sind. Damit kann das Team mit 5 Sprints planen. Daraus ergibt sich auch der Endtermin, der mit dem Projektmanager abgesprochen und fixiert wird. Zur Erinnerung: Bei agilen Projekten sind Kosten und Termin fest, der Scope nicht.

Das Team überlegt sich, dass das Daily Scrum arbeitstäglich um 11:45 stattfinden soll, also kurz vor der Mittagspause. Damit soll ein zusätzlicher Anreiz gegeben werden, die Meetingdauer kurz zu halten.

Der Product Owner hat das Product Backlog mit den ersten User Storys befüllt. Hier der Auszug aus dem Product Backlog:

Product Backlog „Köln-Kita"

User Story 1
Als Elternteil möchte ich eine einfache Anmeldeprozedur, um mich nicht in unnötiger Bürokratie zu verlieren und schnell eine Rückmeldung zu erhalten.
Akzeptanzkriterien
- ◆ Für die Anmeldung sollte nicht viel mehr notwendig sein als die Angabe meiner Personalnummer und des Namens und Geburtsdatums meines Kindes auf der Intranetseite.
- ◆ Ich möchte eine zeitnahe Rückmeldung erhalten, in der entweder die Zusage enthalten ist oder eine Info über die Warteposition und Dauer bis zur Zuteilung eines Platzes.

User Story 2
Als Betriebsrat möchte ich, dass nur notwendige Daten erhoben und gespeichert werden, um den Datenschutz für die Eltern zu gewährleisten.
Akzeptanzkriterien
- ◆ Sämtliche Daten werden nur so lange gespeichert wie die Verweildauer des Kindes in der Kita ist oder die Anmeldeprozedur dauert.
- ◆ Ein Überschreiten dieser Frist ist nur für eine notwendige Abwicklung wie etwa die Einziehung des Beitrags zulässig.

Die User Story des Betriebsrats lässt vermuten, dass von dessen strikten Datenschutzvorstellungen die Interessen anderer Stakeholder, etwa des Unternehmens, berührt sein könnten. Es ist Sache des Product Owners, das Gespräch mit allen Stakeholdern zu suchen und widerstreitende Interessen auszugleichen. Dieses Beispiel soll verdeutlichen, dass in agilen Projekten genauso wie in klassischen Projekten ein ordentliches Scope Management erforderlich ist. Zwar ist es richtig, dass beim agilen Ansatz vieles ausprobiert werden kann, das später wieder verworfen wird. Das bedeutet aber nicht, dass man User Storys realisieren lässt, die von vornherein unter den Stakeholdern strittig sind.

Der Product Owner in unserem Beispiel ist sich sicher, bis zum ersten Planning weitere User Storys fertiggestellt zu haben. Sie will sicherstellen, dass genügend Material für die ersten Sprints zur Verfügung steht, welches die Definition of Ready erfüllt.

Der Scrum Master entwirft unterdessen den Ablauf der ersten Retro. Er möchte die Erfahrungen der ersten drei Sprints konsequent nutzen für die Identifizierung und Umsetzung von Verbesserungsmaßnahmen, bis das Team eine konstant gute Velocity erreicht hat. Die Velocity ist ein Maß für die Performance des Teams. Sie ist näher beschrieben im Kapitel Messung Projektperformance.

Ferner hat der Scrum Master je einen Vorschlag für die Definition of Ready und die Definition of Done erarbeitet und dem Team übermittelt. Sie sind noch mit dem Scrum-Team zu diskutieren und abzustimmen.

Das Entwicklerteam hat sich derweil Gedanken gemacht über die zu benutzenden Tools. Es hat sich schnell auf die bereits vorhandene Entwicklungsumgebung für das hauseigene Intranet geeinigt. Für die Scrum-Artefakte, insbesondere die Verwaltung von Product Backlog und Planning Backlog, möchte es ein geeignetes einfaches und kostengünstiges Tool einsetzen. Nachdem es erfahren hat, dass es im Haus bereits Lizenzen für ein bestimmtes Tool gibt, entschiedet es sich dafür und beginnt, sich in das Tool einzuarbeiten.

 Your turn!

Erstellen Sie eine erste User Story für das Projekt Kantinen-App. Vergessen Sie nicht die Akzeptanzkriterien.
Beispiele finden Sie im Lösungsteil

Als_____möchte ich_____
_____,
um_____

Akzeptanzkriterien

_____
_____
_____
_____
_____
_____
_____
_____
_____
_____

4 Änderungsmanagement

Änderungsmanagement in umfassendem Sinn gibt es in klassischen Projekten, nicht jedoch in agilen.

4.1 Änderungen in agilen Projekten

Oft wird angenommen, dass agile Projekte kein Scope-Management benötigen und man endlich einfach so ins Blaue entwickeln kann. Das ist Unsinn. Selbstverständlich haben agile Projekte ein fundiertes Scope-Management. Transparente Backlogs und konkrete User Stories sind Ausdruck des Scope Managements in agilen Projekten.

Allerdings sind agile Projekte auf Änderungen am Scope angelegt. Es wird erwartet, dass neue Arbeit hinzugefügt wird. Deshalb ist ein umfassendes Änderungsmanagement wie in klassischen Projekten nicht erforderlich.

Neben Änderungen am Scope, die von Haus aus in agilen Projekten vorhanden sind, mag es aber gelegentlich auch Änderungen an Termin oder Kosten geben. Ein Auftraggeber möchte vielleicht einen früheren Endtermin haben. Diese Änderungen haben Auswirkungen auf den Scope. Es gibt dann entsprechend weniger (oder mehr) Spielraum für die Gestaltung des Scopes.

Wenn dauerhaft mindestens so viel Arbeit hinzugefügt wie erledigt wird, gibt es kein Projektende. Das bedeutet, bei agilen Projekten muss die Anzahl der Scope-Änderungen im Zeitverlauf kleiner werden, so dass sich der Scope stabilisiert. Alternativ kann der Product Owner bei begrenztem Budget und Terminplan nach Umsetzung einer Kernfunktionalität die Arbeit und damit das Projekt als fertiggestellt betrachten.

4.2 Änderungsmanagement in klassischen Projekten

Bei klassischen Projekten werden in der Projektüberwachung die Abweichungen vom Projektplan, insbesondere von den Basisplänen, identifiziert und notwendige Maßnahmen eingeleitet. Proaktiv werden Faktoren beeinflusst, die Abweichungen hervorrufen könnten. Dazu gehört die regelmäßige Kommunikation mit den Stakeholdern. Der Projektmanager hat „das Ohr an der Schiene". Um Abweichungen vorzubeugen, werden ggf. vorbeugende Maßnahmen ergriffen. Wenn Abweichungen dennoch entstehen, leiten wir passende Maßnahmen ein. Das können Korrekturen oder Änderungen sein.

Bei Korrekturen geht es darum, den Projektverlauf so anzupassen, dass er wieder den Basisplänen entspricht. Genehmigte Änderungen dagegen sind Maßnahmen, die die Basispläne ändern. Korrekturmaßnahmen führen das Projekt wieder auf den ursprünglichen Kurs, genehmigte Änderungen legen einen geänderten Kurs fest. Der Kurs wird durch die Basispläne gegeben.

Korrekturmaßnahmen werden vom Projektmanager getroffen. Genehmigte Änderungen dagegen sind mit den Stakeholdern (mindestens mit dem Auftraggeber) abzusprechen, weil sie den ursprünglichen abgestimmten Scope, den abgestimmten Termin oder die vereinbarten Kosten ändern.

Umgang mit Änderungen in klassischen Projekten
Änderungen an den Basisplänen sind transparent zu halten, d.h. jeder Änderungswunsch (Change Request) wird dokumentiert. Ein Change Request wird entweder angenommen oder abgelehnt. Ein Change Request, der angenommen wird, führt zu einem Update der Basispläne.

Ablehnung   Annahme
→ Update Basisplan

Änderungswünsche sind immer als erstes gegen das „magische Dreieck" zu bewerten. Das bedeutet, es wird analysiert, in wie weit etwa eine Scope-Änderung Auswirkungen auf Termine oder Kosten hat oder in weit eine Terminänderung Auswirkungen auf Scope oder Kosten hat.

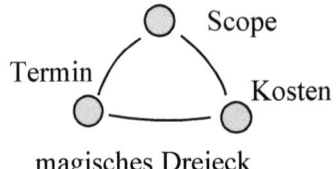

Beispiel: Ein Stakeholder wünscht einen früheren Liefertermin. Um diesen realisieren zu können, müssen mehr Ressourcen eingesetzt werden oder es muss die Leistung reduziert werden. In dem Fall sind also Auswirkungen auf Kosten oder Scope vorhanden.

Nachdem man die Auswirkungen kennt, überlegt man sich Optionen, wie die Änderung umgesetzt werden kann. Schließlich bespricht man die Änderung mit den Stakeholdern bzw. dem Auftraggeber. Hier wird dann entschieden, ob die Änderung durchgeführt werden soll. In dem Fall ist dann der Basisplan anzupassen.

In der Praxis hat sich die Einrichtung eines Change Control Boards bewährt. Das ist ein Entscheidungsgremium, das periodisch zusammenkommt, alle Change Requests durchgeht und darüber entscheidet. Zur Vorbereitung muss der Projektmanager alle anstehenden Change Requests hinsichtlich ihrer Auswirkungen bewertet haben. Mitglieder im Gremium sind mindestens der Auftraggeber oder ein entscheidungsbefugter Vertreter sowie der Projektmanager.

Alle Change Requests werden dokumentiert ebenso wie ihre Genehmigung oder Ablehnung. Eine Tabelle ist dafür völlig ausreichend, z.B. in folgender Form.

CR Nr.	Beschrei-bung	Ersteller	Datum Einrei-chung	Kosten	Weitere Auswir-kungen	Ent-schei-dung	Datum der Ent-scheidung

5 Qualitätssicherung

Alle Qualitätsphilosophien gehen davon aus, dass Qualitätsmaßnahmen Kosten sparen. Natürlich kosten die Qualitätsmaßnahmen auch erst einmal Geld. Diese Kosten nennt man Konformitätskosten. Im Allgemeinen sind sie niedriger als die Kosten der Nichterfüllung. Letztere entstehen, wenn Produkte von nicht ausreichender Qualität ausgeliefert werden, und sind im wesentlichen Kosten für Nachbesserungen. Kosteneinsparungen und auch Kundenzufriedenheit sind gute Gründe für die Planung von Qualitätsmaßnahmen.

5.1 Qualitätsplanung

Qualität kann man nicht am Ende in ein Produkt hineintesten, Qualität muss von Anfang an geplant werden. Deshalb erstellen wir einen Qualitätsplan, in welchem die Qualitätsstandards in Absprache mit den Stakeholdern definiert werden und die Maßnahmen, um diese Standards zu erreichen.

Qualität wird hineingeplant, nicht hineingetestet!

Die Qualitätsplanung ist in agilen Projekten nicht anders als in klassischen. In der Regel werden heute IT-Projekte agil geführt. Die Qualitätsstandards werden dann durch Fehlerquoten abgebildet.

Die Qualitätsplanung erfolgt in drei Schritten:

Schritt 1: Zuerst identifizieren Sie die relevanten Standards.
Schritt 2: Danach machen Sie sich Gedanken über die Messgrößen, mit denen Sie die Erfüllung bewerten wollen.
Schritt 3: Dann entscheiden Sie, was getan werden muss, um die Standards zu erfüllen.

5.2 Beispiel Qualitätsplan

Das Verfahren sei an unserem Beispiel „Köln-Kita" erläutert. In der Leistungsbeschreibung finden wir eine Reihe von Qualitätsanforderungen:

◆ ausreichende Räumlichkeiten und Platz
◆ qualifiziertes Personal
◆ gesunde Mahlzeiten
◆ attraktiv für Eltern, Kinder in guten Händen
◆ zuverlässige Betreuung
◆ dauerhaftes Personal
◆ kindgerechte Ausstattung

Diese Anforderungen können wir als unsere Qualitätsstandards ansehen (Schritt 1). Wir können natürlich, soweit erforderlich, noch weitere Qualitätsstandards hinzufügen, die wir für sinnvoll halten oder die sich aus der Kommunikation mit den Stakeholdern ergeben haben. In diesem Fall sind noch Qualitätsstandards für die Erweiterung der Intranet-Seite erforderlich (agile Entwicklung). Hier soll eine weitgehende Mängelfreiheit der Software erreicht werden.

Im zweiten Schritt müssen wir nun überlegen, wie wir diese Qualitätsstandards messen können:

Qualitätsstandard	Messgröße
ausreichende Räumlichkeiten und Platz	Anzahl und Größe der Räume lt. Empfehlungen des Verbandes der Kita-Träger
qualifiziertes Personal	abgeschlossene Erzieher-Ausbildung, mindestens fünf Jahre Berufserfahrung
gesunde Mahlzeiten	überwiegend Zutaten aus biologischem Anbau, ausgewogener Speiseplan entsprechend den Empfehlungen der Gesellschaft für Ernährung

Qualitätsstandard	Messgröße
attraktiv für Eltern	keine eigene Messgröße erforderlich, ist erfüllt durch die gegebene Nähe zum Arbeitsort, gesunde Mahlzeiten, qualifiziertes Personal und Kita-Konzept
zuverlässige Betreuung / dauerhaftes Personal	Arbeitszeugnisse der Bewerber, Antworten auf entspr. Fragen im Bewerbungsgespräch
kindgerechte Ausstattung	entsprechend den Empfehlungen des Verbandes der Kita-Träger
Intranet Seite ist nutzbar ohne nennenswerte Mängel	Intranet-Anwendung ist frei von schwerwiegenden Fehlern, Anzahl weniger schwerwiegender Fehler unter Schwellwert (gem. Definition der hauseigenen IT)

Aus diesen Überlegungen folgt in Schritt 3 eine Reihe von Maßnahmen:

- ◆ Vorschriften und Empfehlungen des Verbandes der Kita-Träger eruieren
- ◆ relevante Vorgaben in die Leistungsbeschreibung für den Architekten einfügen
- ◆ relevante Vorgaben in die Beschaffung der Ausstattung aufnehmen
- ◆ Randbedingungen (überwiegend Zutaten aus biologischem Anbau) und Vorgaben (Empfehlungen der Gesellschaft für Ernährung) in den Kantinenvertrag aufnehmen
- ◆ Randbedingungen für den Personalauswahlprozess vorgeben
- ◆ Fragen für Bewerbungsgespräche überlegen und sicherstellen, dass ein Teammitglied an den Bewerbungsgesprächen teilnimmt und Zeugnisse sichtet
- ◆ Software-Tests entsprechend den Prozeduren der hauseignen IT

Aus der Qualitätsplanung ergeben sich somit Maßnahmen, die nun ihrerseits in den Terminplan und Kostenplan einzuarbeiten sind, ggf. auch in die Planung des Scopes. Das ist ein Beispiel dafür, dass der Projektplan iterativ erarbeitet werden muss, also mehr als einen Durchgang braucht: Nach der Qualitätsplanung müssen die festgelegten Maßnahmen in frühere Planungsergebnisse eingearbeitet werden. Dies gilt insbesondere für den klassischen Projektansatz.

Wollen Sie es versuchen?
Welche Qualitätsstandards wollen Sie für das Projekt „grüne Kantine" festlegen? Wie sollen sie gemessen werden? Welche Maßnahmen ergeben sich daraus?
Für diese Aufgabe gibt es keine Musterlösung, da viele Antworten richtig sein können. Einen Vorschlag finden Sie im Lösungsteil.

Qualitätsstandard	Messgröße

Qualitätsstandard	Messgröße

Maßnahmen:

_____

_____

_____

_____

_____

_____

_____

_____

_____

_____

_____

_____

_____

_____

_____

_____

6 Risikomanagement

Aus nachvollziehbaren Gründen mögen wir Menschen Probleme und Risiken nicht so ganz gern. Manchmal wäre uns lieber, wir würden gar nichts von Problemen hören. Als Projektmanager müssen wir uns angewöhnen, in dieser Hinsicht ein wenig gegen unsere Natur zu denken. Uns liegt daran, möglichst alle Risiken und Probleme zu kennen, auch wenn sie sich zu einem riesigen Berg auftürmen. Das schreckt uns deshalb nicht, weil wir nur die uns bekannten Risiken bewältigen können. Je mehr Projektrisiken wir **vorab** kennen, desto weniger wer-

Geht mir weg mit Problemen, will ich nicht sehen.

den wir im Projektverlauf ereignisgesteuert reagieren müssen.

Manche Projektmanager fühlen sich wie die Feuerwehr in brandgefährdeten Gebieten. Sie stolpern von einem Katastrophenherd zum anderen. Kaum haben sie ein Feuer gelöscht, kommt das nächste hoch. Dabei haben sie das Gefühl, dass nicht mehr sie es sind, die das Projekt steuern, sondern dass sie vom Projekt gesteuert werden. Diese Situation kann man mit einer vorausschauenden Risikoplanung umgehen. Deshalb: Als Projektmanager freuen wir uns über einen riesigen Berg von Risiken - den wir vorab kennen. Das Risikomanagement ist in klassischen wie agilen Projekten identisch.

6.1 Risikoplanung

Die vorausschauende Risikoplanung beginnt mit der Risiko-Identifizierung. In einem Brainstorming sammeln wir so viele Risiken wie möglich. Hier ist die Quantität wichtig. Je mehr Risiken wir finden, desto besser.

Die größte Chance, möglichst viele Risiken zu finden, hat man beim Brainstorming im Team. Dabei sollte das Projektteam auf jeden Fall vertreten sein. Daneben ist es wirkungsvoll, wenn auch Stakeholder von außerhalb dabei sind, weil sie einen „Außenblick" ermöglichen.

Zweckmäßig ist es, Moderationskarten zu benutzen. Das macht es leichter, die Ergebnisse später zu sortieren. Bitten Sie die Teilnehmer, pro Karte nur ein Risiko aufzuschreiben. Die Teilnehmer werden auf das Brainstorming eingestimmt mit dem Hinweis, dass es bei der Risikofindung um Quantität geht. Es sollen möglichst fast alle denkbaren Risiken gefunden werden. Es sind alle Vorschläge erlaubt, keine Idee ist „zu dumm". Begonnen wird mit der offenen Frage, welche Risiken die Teilnehmer im Projekt sehen. Die gefundenen Risiken schreiben die Teilnehmer auf die Karten, Diskussionen sind nicht nötig. Wenn Sie als Moderator merken, dass der Ideenfluss stoppt, können Sie mit Fragen nach Risikokategorien den Gedankenfluss wieder in Gang bringen. Sinnvolle Risikokategorien hängen vom Projekt und der Branche ab. Hier ein paar typische Kategorien zur Anregung:

- Risiken im Projektmanagement
- technische Risiken
- Zuliefer-Risiken
- Datenrisiken
- Schnittstellenrisiken
- Managementrisiken
- Scope-Risiken
- Auftragsrisiken
- Kommunikationsrisiken
- Personalrisiken
- Teamrisiken

Mit Hilfe des Brainstorming-Verfahrens sollten Sie alle wesentlichen Risiken herausfinden können.

Im Projekt „Köln-Kita" wurden die nachfolgend abgebildeten Risiken gefunden. Aus Gründen der Übersichtlichkeit ist hier nur eine Auswahl abgebildet. Die tatsächliche Anzahl der im Brainstorming gefundenen Risiken sollte bei einem Projekt dieser Größenordnung dreistellig sein.

81

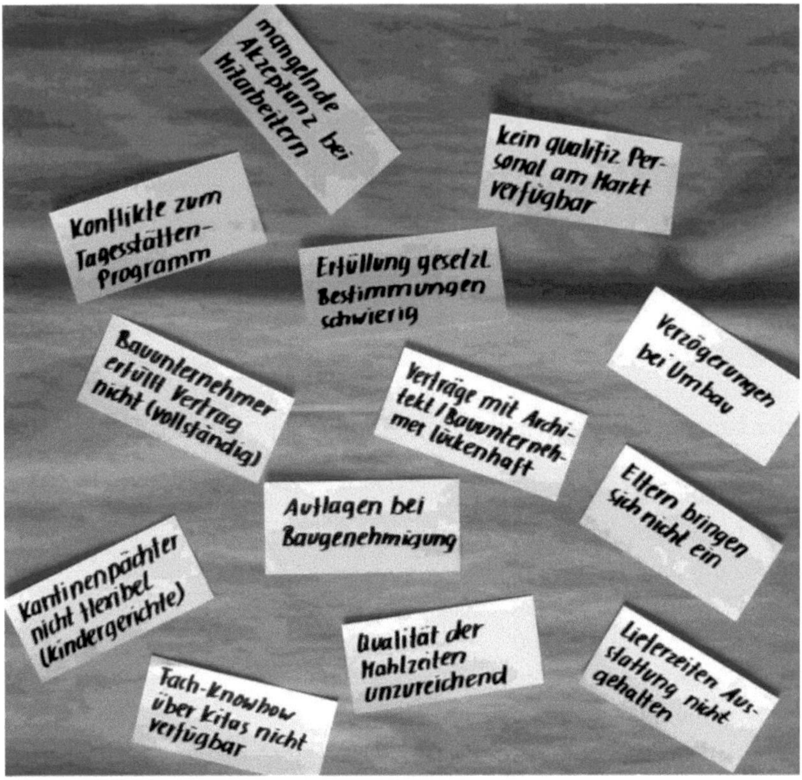

#

Your turn!

Wollen Sie es versuchen?
Finden Sie einige Risiken für das Projekt „grüne Kantine". Lassen Sie sich von den Risikokategorien anregen. Im Lösungsteil finden Sie eine Auswahl der möglichen Risiken.

Risiken „grüne Kantine"

Nach der Risiko-Identifizierung geht es nun darum, die gefundenen Risiken zu sortieren und zu priorisieren. Dabei hilft uns die Wahrscheinlichkeits-Auswirkungsmatrix. Jedes gefundene Risiko wird nach seiner Eintrittswahrscheinlichkeit und seiner Auswirkung bewertet. Es wird also geschätzt, wie wahrscheinlich das Eintreten des Risikos und wie hoch seine Auswirkung ist, wenn es denn einritt. Entsprechend wird jedes Risiko in einem Koordinatenkreuz platziert.

Eintrittswahrscheinlichkeit

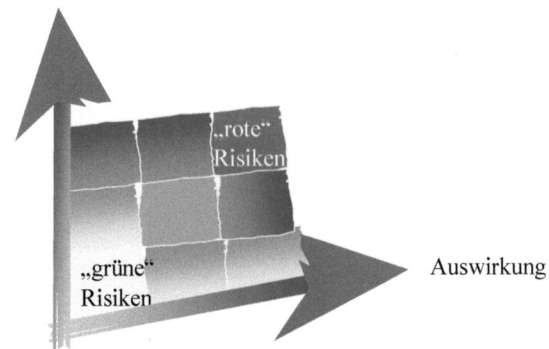

Wenn wir beim Brainstorming mit Moderationskarten gearbeitet haben, können wir diese direkt verwenden, um sie in der Wahrscheinlichkeits-Auswirkungsmatrix anzuordnen.

Die Wahrscheinlichkeits-Auswirkungsmatrix des Projekts „Köln-Kita" ist nachfolgend abgebildet. Aus Gründen der Übersichtlichkeit ist nur ein Teil der gefundenen Risiken dargestellt.

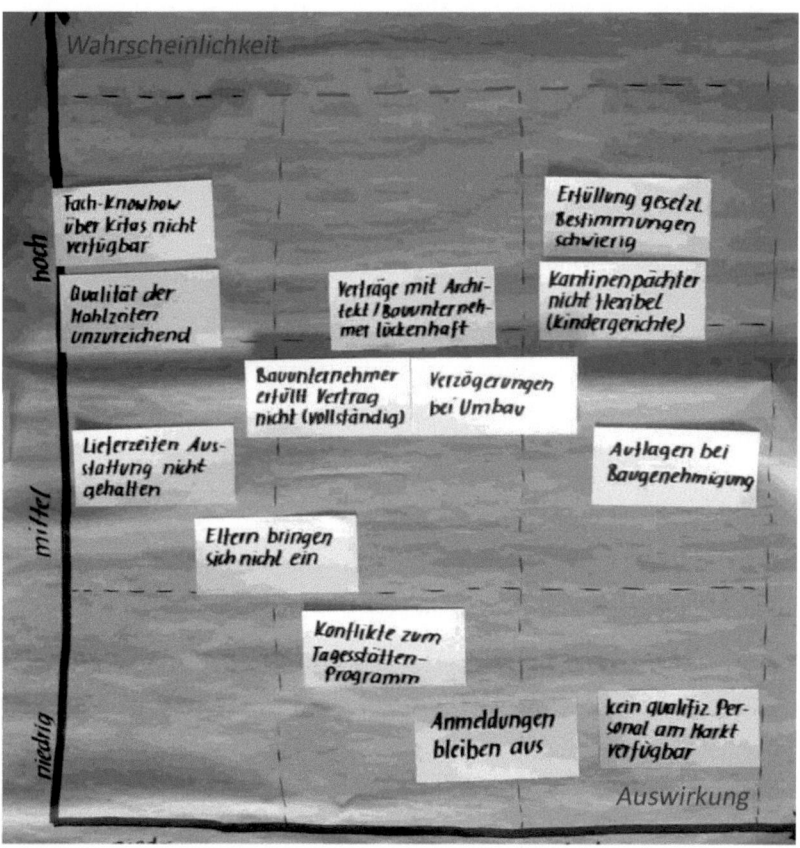

Your turn!

Wollen Sie es versuchen?
Ordnen Sie Ihre gefundenen Risiken für das Projekt „grüne Kantine" in folgende Matrix ein. Im Lösungsteil finden Sie eine mögliche Variante.

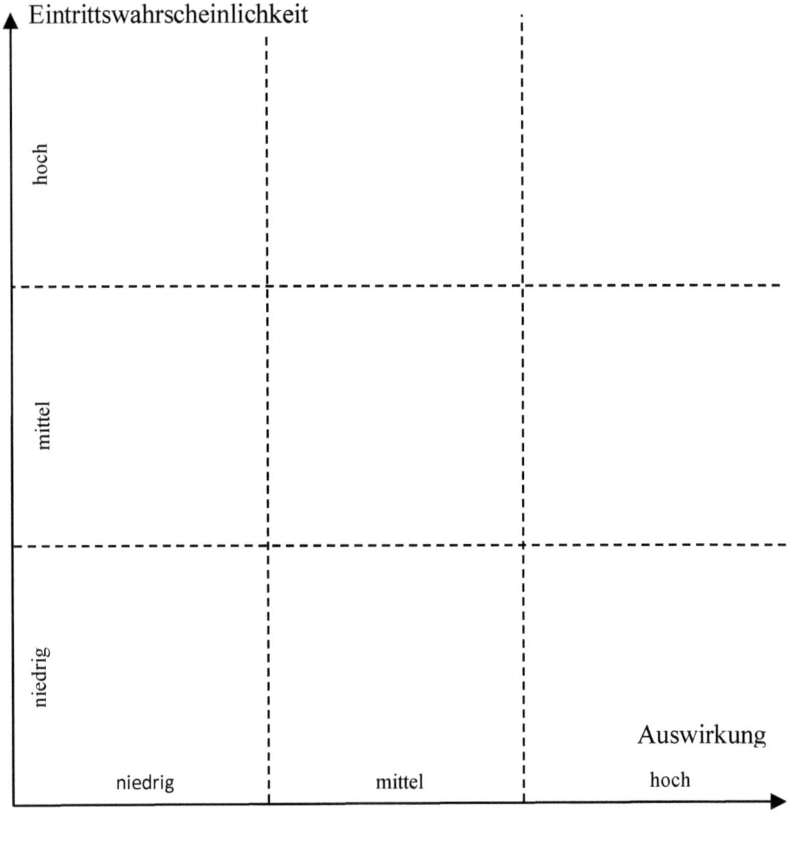

Eintrittswahrscheinlichkeit

hoch

mittel

niedrig

niedrig   mittel   hoch

Auswirkung

Sinn der Wahrscheinlichkeits-Auswirkungsmatrix ist es herauszufinden, welche Risiken wir akzeptieren und für welche Risiken wir Maßnahmen ergreifen wollen. Wir können nicht für alle möglichen Risiken

Gegenmaßnahmen planen. Deshalb müssen wir auf die wichtigen fokussieren. Dabei hilft uns die Wahrscheinlichkeits-Auswirkungsmatrix. Für die Risiken im rechten oberen Quadranten („rote Risiken"), die hohe Eintrittswahrscheinlichkeit und hohe Auswirkung haben, werden wir in der Regel Gegenmaßahmen planen wollen. Die Risiken im unteren linken Quadranten („grüne Risiken") werden wir eher akzeptieren können.

Risikobewältigung
Nachdem wir unsere Risiken nun kennen und deren Priorität eingeschätzt haben, geht es darum, was wir zu deren Bewältigung tun können. Dazu gibt es verschiedene Strategien.

◆ Risiko vermeiden
Manchmal ist es möglich, ein Risiko ganz zu vermeiden, indem man es eliminiert. Das bedeutet beispielsweise, dass man ein risikoreiches Arbeitspaket ganz weglässt, wenn dies möglich ist.
◆ Risiko mindern
Ein Risiko lässt sich mindern, indem man die Eintrittswahrscheinlichkeit verringert oder die Auswirkung. Eine Minderung des Risikos „Datenverlust" liegt in einer redundanten Datenhaltung. Hier wird die Auswirkung gemindert. Falls ein Datenverlust in einem System eintritt, lassen sich die Daten aus dem zweiten wiederherstellen.
Beim Hausbau gibt es das Risiko von schlechtem Wetter (Regen, Sturm, Frost). Wenn man das Bauvorhaben auf die Sommerzeit verlegt, hat man die Eintrittswahrscheinlichkeit von Frost und Sturm deutlich gemindert. Die Auswirkung von Regen ist reduziert, weil das Bauwerk im Sommer schnell wieder trocknet.
Stattdessen könnte man auch eine passende Versicherung abschließen. Damit hätte man die monetäre Auswirkung bei Risikoeintritt gemindert.
◆ Risiko akzeptieren
Das ist die Strategie, die für die meisten Risiken angewendet wird. Es ist nicht machbar, für sämtliche gefundenen Risiken

Vermeidungs-, Minderungs- oder Übertragungsstrategien zu ergreifen. Durch eine möglichst vollständige Risiko-Identifikation können wir die bewusste Entscheidung treffen, welche Risiken wir akzeptieren.

Für akzeptierte Risiken (auch für akzeptierte Restrisiken, die nach Anwendung einer der anderen Risikostrategien verbleiben) kann man Risikoreserven bilden. Dies wird man für einen Teil der akzeptierten Risiken tun.

Beispiel:
Im Projekt besteht ein 20%iges Risiko, dass eine Software hinzugekauft werden muss. Die Software würde 10.000 € kosten. Als Risikoreserve für dieses Risiko würden man 2.000 € ins Budget einstellen, nämlich 20% von 10.000 €.

In meinen Seminaren werde ich öfter nach dem Nutzen dieser Risikoreserve gefragt. Wenn das Risiko eintreten sollte, komme ich doch mit den 2.000 € nicht aus, dann brauche ich die volle Summe von 10.000 €. Das ist richtig. Wenn man allerdings für viele oder mehrere akzeptierte Risiken Reserven bildet, kann man davon ausgehen, dass die Risikoreserve ausreicht, weil nicht jedes Risiko eintritt. Das eine wird eintreten, das andere nicht. In Summe wird man mit der Risikoreserve auskommen, weil in die Berechnung der Reserven die Eintrittswahrscheinlichkeit eingeht.

Das Ergebnis der Überlegungen zur Risikobewältigung ist der Risikobewältigungsplan.

Risiko	Bewältigung
1	Vermeiden durch …
2	Akzeptieren
3	Mindern durch …

Hier ein Ausschnitt des Risikobewältigungsplans „Köln-Kita".

Risiko	Bewältigung
Anmeldungen bleiben aus	mit Personalabteilung vorab prüfen, wie viele potentielle Kandidaten es gibt, stichprobenhaft Interesse abfragen, ggf. in Absprache mit Auftraggeber Kapazität Kita anpassen
kein qualifiziertes Personal am Markt verfügbar	frühzeitig Suche beginnen, ggf. Suche ausweiten auf Pädagogen
Kantinenpächter nicht flexibel	alternativen Lieferservice eruieren
Auflagen bei Baugenehmigung	Bauvoranfrage stellen, Alternativen verhandeln
Verträge mit Architekten / Bauunternehmer lückenhaft	Personen mit entspr. Expertise ins Projekt nehmen (falls intern nicht vorhanden, Lockerung der entspr. Beschränkung mit Auftraggeber verhandeln)
. . .	. . .

Your turn!

Wollen Sie es versuchen?
Erstellen Sie einen Risikobewältigungsplan für das Projekt „grüne Kantine". Vorschläge für einige Risiken finden Sie im Lösungsteil.

Risiko	Bewältigung

Nach der Risikobewältigungsplanung ist es erforderlich, die vorhergehenden Planungen zu aktualisieren, denn die gefundenen Maßnahmen müssen eingearbeitet werden (iterative Planung).

6.2 Risikoüberwachung

Identifizierte Risiken werden regelmäßig überprüft. Im Laufe des Projekts wird sich die Eintrittswahrscheinlichkeit ändern. Zum Projekt-Ende hin werden die Risiken im Allgemeinen kleiner.

Im Projektverlauf werden manche Risiken eintreten, manche werden sich erledigen und können geschlossen werden. Auch können im Projektverlauf neue Risiken identifiziert werden.

Das Risikoregister durchzugehen gehört auf die Agenda jeder Projektsitzung, um sie aktuell zu halten. Sie ist für den Projektmanager ein wichtiges Steuerungsinstrument. Das Risikoregister kann eine einfache Tabelle etwa nach folgendem Schema sein.

Nr.	Beschreibung	Wahrscheinlichkeit	Auswirkung	Melder	Datum	Maßnahmen	Status	Update
001	Kantinenpächter nicht flexibel	Hoch	Hoch	Workshop		alternativen Lieferservice eruieren	offen	

7 Messung Projektperformance

Um den Projektfortschritt oder die Projektleistung (Performance) zu überwachen, braucht es geeignete Messgrößen und Methoden. Im klassischen Projektmanagement hat sich dafür das Earned Value Management (EVM) bewährt. In agilen Projekten haben sich Burn Charts und Velocity etabliert. Für beide Ansätze lässt sich als weiterer Messwert die Fehlerquote für die Bewertung der gelieferten Qualität einsetzen. Daneben gibt zahlreiche weitere Methoden und Messgrößen, jedoch behandeln wir hier nur die genannten gängigen Methoden.

Alle Metriken haben ihre Grenzen und sogar Tücken. Auch diese finden Erwähnung in der nachfolgenden Beschreibung. Hier sei darauf hingewiesen, dass - so wichtig die Metriken für das Projektmanagement auch sein mögen - keine Metrik so wesentlich ist wie die kontinuierliche Kommunikation mit dem Team. Die Metriken können aber auf Schwachstellen aufmerksam machen, die mit dem Team besprochen werden müssen.

7.1 Messgrößen beim klassischen Ansatz

Der Projektfortschritt wird gegen die Basispläne gemessen:
- Welche Liefergegenstände des Scope Basisplans sind fertig gestellt?
- Welche hätten heute lt. Terminbasisplan fertig sein sollen, welche Abweichungen gibt es?
- Wie sind die tatsächlichen Kosten im Vergleich zu den Erwartungen?

Diese Fragen werden mit Hilfe von Earned Value Management (EVM) beantwortet. EVM basiert auf drei unabhängigen Zahlen:
- Planned value (PV)
- Actual cost (AC)
- Earned value (EV)

Beispiel: Ihr Projekt hat ein Budget von 100.000 Euro. Gemäß Ihrem Projektplan hätten Sie bis heute 50.000 Euro ausgegeben haben sollen. Tatsächlich haben Sie jedoch 75.000 Euro ausgegeben.
Tagen Sie die Werte für unser Beispiel hier ein.

PV =
AC =   Antwort im Lösungsteil

Diese beiden Zahlen helfen Ihnen nicht. Sie wissen zwar, dass Sie mehr Geld ausgegeben haben als geplant, aber Sie wissen nicht, wie viel Liefergegenstände mit welchem Wert Sie schon erstellt haben. Nehmen wir einmal an, Sie hätten Liefergegenstände im Wert von 90.000 Euro hergestellt. Obwohl Sie mehr ausgegeben hätten als bis zu diesem Zeitpunkt geplant, wäre das Ergebnis doch gar nicht schlecht?

Das heißt: Neben dem PV und den AC brauchen Sie noch eine dritte Zahl, um Ihre Projekt-Performance einzuschätzen, den Earned Value (EV). Der Earned Value ist der Fertigstellungswert, also der Wert der bereits fertiggestellten Liefergegenstände.
Nehmen wir an, in unserem Beispiel sei der EV 70.000 Euro.

Cost Variance und and Schedule Variance
Nun vergleichen wir den Wert der bereits fertiggestellten Liefergegenstände mit den ausgegebenen Kosten. Die Differenz wird Cost Variance (CV) genannt.
CV = EV - AC   (EV immer zuerst!)
Eine negative Cost Variance bedeutet, es wurde mehr Geld ausgegeben als für diese Liefergegenstände geplant war.
Nun vergleichen wir den Fertigstellungswert mit unseren ursprünglich für diese Liefergegenstände geplanten Kosten. Die Differenz ist die Schedule Variance (SV), also die Abweichung vom Terminplan.
SV = EV − PV

Eine negative Schedule Variance bedeutet, dass ein Teil der für den aktuellen Zeitpunkt geplanten Arbeiten noch nicht fertiggestellt ist. Tagen Sie die Werte für unser Beispiel hier ein.

CV =
SV =

Cost Performance Index und Schedule Performance Index
Nun wollen wir die Varianzen noch als Index ausdrücken. Der CPI (Cost Performance Index) and SPI (Schedule Performance Index) sind Indikatoren, die die Kosten- und Termin-Performance spiegeln. Der Cost Performance Index ist das Verhältnis von EV und AC:

$$CPI = \frac{EV}{AC}$$ (EV kommt wieder zuerst!)

Ein CPI > 1 bedeutet, dass Ihr Geld effizient genutzt wird
Ein CPI < 1 bedeutet, dass Ihr Geld ineffizient genutzt wird.

Der Schedule Performance Index ist das Verhältnis von EV und PV:

$$SPI = \frac{EV}{PV}$$

Ein SPI > 1 bedeutet, dass Ihr Projekt gut voranschreitet.
Ein SPI < 1 bedeutet, dass Ihr Projekt verzögert ist.

Wie sind CPI und SPI in unserem Beispiel?

CPI =
SPI =

Mit Kostenabweichung CV und Terminabweichungen SV sowie den zugehörigen Indizes CPI und SPI haben Sie Messwerte, die Ihnen Auskunft geben über den Stand Ihres Projektes hinsichtlich Kosten und Termin:

- Negative Kosten- und Terminabweichungen sind eher schlecht. Sie überziehen das Budget und den Terminplan
- Kosten- und Terminabweichungen von Null sind Punktlandungen.
- Positive Kosten- und Terminabweichungen sind eher gut. Sie unterschreiten Kosten- und Terminplan.
- Kosten- und Terminindizes größer als 1 sind eher schlecht.
- Kosten- und Terminindizes von 1 sind Punktlandungen.
- Kosten- und Terminindizes von kleiner 1 sind eher gut.

Mit EVM gewinnt man eine aussagekräftige Information über die Termin- und Kosten-Performance. Allerdings gibt EVM keine Auskunft über die Qualität. Die EVM-Analyse könnte beispielsweise von einem Projekt eine Punktlandung bei Termin und Kosten erwarten lassen, dabei würde das Team aber miserable Qualität abliefern.

Wollen Sie es versuchen? Bewerten Sie das folgende Projekt bzgl. Kosten- und Termineffizienz.
Sie haben ein Projektbudget von 500.000 Euro. Bis zum heutigen Stichtag hätten Sie laut Plan 35 Arbeitspakete hergestellt haben sollen. Sie hatten den Wert dieser Arbeitspakete zu Projektbeginn geschätzt auf 320.000 Euro in Summe. Tatsächlich hergestellt haben Sie 38 Arbeitspakete. Deren Wert entnehmen Sie ebenfalls der Schätzung zu Beginn des Projekts. Er summiert sich auf 370.000 Euro. Tatsächlich ausgegeben haben Sie für diese bislang hergestellten Arbeitspakete 350.000 Euro.
Im Lösungsteil finden die Antworten.

7.2 Messgrößen beim agilen Ansatz

Für Performance-Messungen sind beim agilen Projekt Burndown Charts und Velociy gängig.

7.2.1 Burndown Charts

Zu Beginn eines Sprints macht das Team eine Prognose über die Anzahl der Story Points, die es im Sprint abarbeiten will. Entsprechend viele User Storys werden im Sprint eingeplant. Während des Sprints wird die Abarbeitung der Story Points verfolgt und in einem Diagramm, dem Burndown-Chart, dargestellt. Dabei gibt die x-Achse die Zeit an, die y-Achse die Story Points. Eingetragen werden die noch verbleibenden Story Points, das Diagramm zeigt also, wieviel Arbeit noch erledigt werden muss. Am Ende des Sprints sollte keine Restarbeit mehr vorhanden sein.

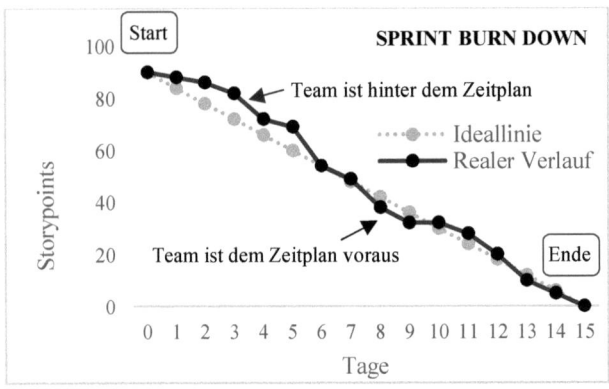

Wenn die Linie, die den realen Verlauf angibt, oberhalb der Ideallinie ist, ist zu dem Zeitpunkt noch mehr Restarbeit zu erledigen als bei idealem Verlauf. Das Team ist dann also hinter dem Zeitplan. Verläuft die Linie des realen Verlaufs unter der Ideallinie, ist das Team dem vor dem Zeitplan.

96

Das Burndown-Chart ist recht einfach zu verstehen. Es macht aber nur dann sinnvolle Aussagen, wenn es täglich gepflegt wird, also täglich Schätzungen des Restaufwands erfolgen. Bei großen Abweichungen von der Ideallinie oder bei sprunghaftem Verlauf findet man im Burndown Chart keine Erklärung dafür. Es könnten im ersten Fall höchst ungenaue Schätzungen vorliegen, im zweiten Fall könnten Aufgaben hinzugekommen oder reduziert worden sein. Zur Abklärung hilft nur die Kommunikation mit dem Team.

7.2.2 Velocity

Die Velocity gibt die Anzahl der Story Points an, die ein Team pro Sprint abarbeiten kann. Um die Velocity eines Sprints zu berechnen, addiert man die Story Points alles User Storys, die zu Sprintende auf „Done" gesetzt sind. Es gehen in die Velocity also nur die fertiggestellten User Storys ein.

Wenn man die Velocity über mehrere Sprints berechnet, kann man die Entwicklung der Teamleistung einschätzen. Die Velocity sollte in den ersten Sprints steigen, weil das Team anfangs noch nicht eingespielt ist und die Schätzungen vielleicht noch nicht so genau sind. Dies sollte sich mit weiteren Sprints verbessern. Bei einem gut eingespielten Team wird die Velocity recht konstant sein und eignet sich damit auch gut für Prognosen. Es kann beispielsweise abgeschätzt werden, wie viel Sprints es noch braucht, bis das Product Backlog abgearbeitet ist, vorausgesetzt alle User Storys im Product Backlog sind bereits geschätzt oder schätzbar.

Wenn die Velocity schwankt, könnten die Schätzungen unzuverlässig sein. Es könnte aber auch sein, dass es Einflüsse von außen gibt, die dem Team nicht guttun. Auch hier sind die Ursachen nur durch Kommunikation zu klären, die Velocity ist aber guter ein Indikator.

7.3 Messgrößen bei beiden Ansätzen

Eine Messgröße, die Hinweise auf die Qualität der geleisteten Arbeit gibt, hat mit der Untersuchung der Fehlerquote zu tun. Interessant ist hier, wie viele Fehler das Team durch die angewendeten

Qualitätsmaßnahmen selbst findet und wie viele Fehler nach Auslieferung durch den Nutzer oder andere Stakeholder außerhalb des Projektteams gefunden werden. Eine hohe Fehleranzahl, die erst nach Auslieferung an die Oberfläche kommen, spricht für mangelnde Qualität. Die entgangenen Fehler werden über die Zeiteinheit dargestellt. Diese Metrik ist für agile Projekte besonders geeignet, weil es hier häufige Lieferungen an den Kunden gibt und man daher eine Entwicklung der Fehlerquote über die Zeit erkennen kann.

Bei klassischen Projekten hingegen sind Auslieferungen an den Kunden möglicherweise erst bei Projektende vorgesehen, wenn es nicht die ein oder andere Zwischenlieferung gibt. Aber auch bei klassischen Projekten gibt es Stakeholder außerhalb des Entwicklerteams, die Fehler aufdecken. Manche Projekte legen ausdrücklichen Wert auf Produkttests durch eine unabhängige Stelle, so dass die genannte Metrik auch hier anwendbar sein kann.

8 Teamführung und -verantwortung

Ein motiviertes Team ist der Traum einer jeden Führungskraft und man kann einiges dafür tun, ein motiviertes Team zu formen. Das beginnt schon bei der Mitarbeitergewinnung, wenn man vermeidet, überlastete Mitarbeiter zu einem winzigen Anteil ins Projekt aufzunehmen.

8.1 Mitarbeitergewinnung

Der Projektmanager sorgt dafür, dass die benötigten Mitarbeiter für das Projekt zum richtigen Zeitpunkt zur Verfügung stehen. In der Regel „gehören" dem Projektmanager die Ressourcen nicht, d.h. er ist - außer in Unternehmen, die rein nach Projekten organisiert sind - nicht der disziplinarische Vorgesetzte der Projektmitarbeiter. Das ist vielmehr der jeweilige Linienmanager. Mit ihm muss der Projektmanager oder die Projektmanagerin über die Bereitstellung der Mitarbeiter verhandeln.

Eine grundsätzliche Ressourcenzusage hat der Projektmanager zwar von seinem Auftraggeber mit dem Projektauftrag erhalten, Details muss er jedoch mit der Linienorganisation abstimmen. Wie viel Verhandlungsnotwendigkeit hier noch besteht, hängt von den Gepflogenheiten des Unternehmens ab. Manchmal geht es nur noch um die Zeiträume, in denen ein Mitarbeiter oder eine Mitarbeiterin dem Projekt zur Verfügung steht, manchmal geht es darum, welche Mitarbeiter für das Projekt gewonnen werden können und manchmal geht es auch darum, zu welchem Anteil der einzelne Mitarbeiter für die Projektarbeit freigestellt werden kann.

Bei der Abstimmung mit den Linienmanagern werden fast immer Kompromisse gesucht werden müssen. Kommunikative Fähigkeiten auf beiden Seiten sind hier entscheidend, damit die Kompromisse beiden Seiten gerecht werden. Um überhaupt zu einem Ergebnis zu kommen, werden manchmal allerdings auch faule Kompromisse eingegangen, die sich später als nicht tragfähig herausstellen. Ein Beispiel dafür ist die Aufteilung eines gesuchten Mitarbeiters auf zu viele Projekte oder Linienarbeiten. Hier wird über Prozentanteile der möglichen Arbeitszeit geredet, bei gesuchten Mitarbeitern manchmal über recht unsinnige. Eine „10%-Mitarbeit" ist in der Regel eine unsinnige Festlegung. Nehmen wir eine 40-Stunden-Woche an. Die Netto-Arbeitszeit beträgt wegen allgemeiner Tätigkeiten wie administrative Arbeiten, Abteilungstreffen, Betriebsversammlungen und wegen Fehlzeiten höchstens 80% davon, also 32 Stunden. Ein 10%-Anteil sind dann 3,2 Stunden je Woche. Ein Mitarbeiter, der gerade einmal 3,2 Stunden je Woche für das Projekt arbeiten kann, wird im Allgemeinen kaum mit Kernarbeiten des Projekts betraut werden können.

Beim agilen Projektansatz geht man davon aus, dass Mitarbeiter dem Projekt zu 100% zur Verfügung stehen, weil dann am effektivsten gearbeitet werden kann.

Das Projektteam bleibt, zumindest in großen Projekten, nicht unbedingt konstant während der gesamten Projektlaufzeit. Für die Planung werden weniger Mitarbeiter gebraucht, in der Projektausführung sind es deutlich mehr und zum Projekt-Ende hin werden es wieder weniger. Entsprechend sind ständige Abstimmungen mit den Linienmanagern nötig, die deshalb auch wichtige Stakeholder im Projekt sind.

8.2 Verantwortlichkeiten

Klare Verantwortlichkeiten sind für den Erfolg eines Projektes entscheidend. Sonst passiert es, dass Arbeiten liegen bleiben, einfach deshalb, weil keiner weiß, wer die Arbeit eigentlich zu erledigen hat. Jede Arbeit muss daher eindeutig zugeordnet sein und der betreffende Mitarbeiter muss auch wissen, dass er für diese Arbeit die Verantwortung hat und diese annehmen. Sache des Projektmanagers ist es, dafür zu sorgen, dass jeder Mitarbeiter seine Verantwortung kennt und er muss die Zustimmung aktiv einfordern. Im Scrum-Team müssen die Teammitglieder die Verantwortung klar absprechen.

Die Darstellung der Verantwortlichkeiten kann beispielsweise einfach anhand der Work Breakdown Structure erfolgen. Jedes Arbeitspaket wird einem Mitarbeiter zugeordnet. In Scrum Teams kann man ebenso eindeutig und transparent die User Stories zuordnen.

Die projektinterne Veröffentlichung einer Zuständigkeitsdokumentation reicht allerdings für das Commitment nicht aus. Commitment bedeutet, dass der einzelne Mitarbeiter die für ihn vorgesehene Arbeit auch annimmt und sich ausdrücklich für zuständig erklärt. Dies ist eine der wichtigen Kommunikationsaufgaben des Projektmanagers. Wenn am Ende eine der Arbeiten wegen unklarer Zuständigkeiten verschleppt wird, hilft es Ihnen als Projektmanager nichts, dass Sie auf ein Dokument verweisen können, in dem die Zuständigkeit festgelegt ist. Sie mögen damit zwar recht haben, aber der Schaden ist trotzdem angerichtet. Holen Sie sich deshalb aktiv das Commitment Ihrer Mitarbeiter ab! Sinngemäß gilt das auch für Scrum-Teams. Es muss klar sein, wer welche User Story bearbeitet und „unliebsame" User Storys müssen auch abgearbeitet werden. Es darf nicht sein, dass jeder im Team denkt, der andere wird es schon erledigen.

8.3 Teamentwicklung

In einem Projekt arbeiten häufig Mitarbeiter zusammen, die bisher kaum zusammengearbeitet haben oder sich nicht einmal kennen. In dem Fall ist es wichtig zu wissen, dass Teams sich erst zusammenfinden müssen, bevor sie effektiv arbeiten können.

Die Teamentwicklung ist für den Projekterfolg entscheidend, denn dieser ist das Ergebnis von Teamarbeit. Teamentwicklung schafft Vertrauen und Zusammenhalt untereinander. Gegenseitiges Vertrauen sorgt für Informationsaustausch ohne Vorbehalte und für bessere Entscheidungsfindung, die an der Sache orientiert ist und Rechthaberei ausschließt.

Die Teamentwicklung wird in erster Linie durch die gemeinsame Arbeit gefördert, z.B. bei der gemeinsamen Planung des Projekts. Beispielsweise kann die gemeinsame Erstellung des Projektstrukturplans beim klassischen Projektansatz oder die gemeinsame Erarbeitung von Optimierungen beim agilen Vorgehen sehr förderlich sein für die Identifikation mit dem Projekt.

Wenn die Umstände es erlauben, ist die Unterbringung des Projektteams an einem Ort hilfreich (Co-Location). Damit sind Kommunikationswege kurz und informelle Kontakte werden ermöglicht. Beim agilen Vorgehen ist Co-Location die Regel.

Es kann auch sinnvoll sein, zusätzliche Teamentwicklungsmaßnahmen einzuplanen, z.B. Teamtreffen zu dem alleinigen Zweck, dass das Team Regeln für die Zusammenarbeit erarbeitet.

8.4 Mitarbeitermotivation

Projektmanager sind in der Regel nicht die disziplinarischen Vorgesetzten ihrer Projektmitarbeiter. Sie können daher nicht oder nur in Abstimmung mit den Linienvorgesetzten auf die entsprechenden Führungsmittel wie etwa Gehaltsanpassungen zurückgreifen. Umso wichtiger ist es für sie, ihre Mitarbeiter motivieren zu können.

Die Motivationstheorie von Herzberg ist für Projekte besonders geeignet. Der Arbeitswissenschaftler Frederick Herzberg unterscheidet in seiner Motivationstheorie zwei Faktoren, die „Motivatoren" und die „Hygienefaktoren". Ein Motivator ist das, was den Menschen wirklich antreibt, etwas zu tun. Hygienefaktoren dagegen sind Randbedingungen, die erfüllt sein müssen, damit der Mensch nicht demotiviert wird. Nach Herzberg ist das Gehalt kein Motivator, sondern ein Hygienefaktor. Wenn Sie in Ihrem Team einen Mitarbeiter haben, der sich für krass unterbezahlt hält, werden Sie ihn nur schwer motivieren können, weil die vermeintliche oder tatsächliche Ungerechtigkeit an ihm nagt. Hier muss erst das Gehalt angepasst werden, bevor Motivation möglich ist.

Wenn Sie in Ihrem Team umgekehrt einen Mitarbeiter haben, der sich für halbwegs ordentlich bezahlt hält, werden Sie ihn durch eine Gehaltserhöhung nicht zusätzlich nachhaltig motivieren können.

Your turn!

Was sind Motivatoren, was Hygienefaktoren? Ordnen Sie die Begriffe den Spalten der Tabelle zu. Für den Begriff „Gehalt" ist die Zuordnung bereits dargestellt. Die Antworten finden Sie im Lösungsteil.

Hygienefaktoren	Motivatoren

Entlohnung und Gehalt

Leistung und Erfolg

Anerkennung

Verantwortung

persönliches Wachstum

Personalpolitik

Sicherheit der Arbeitsstelle

Arbeitsbedingungen

zwischenmenschliche Beziehungen zu Vorgesetzten, Kollegen und Mitarbeitern

Aufstieg und Beförderung

Arbeit selbst

Als Projektmanager tun Sie gut daran, sich für jeden einzelnen Ihrer direkten Mitarbeiter zu überlegen, welches seine persönlichen Motivatoren und Hygienefaktoren sind. Das versetzt Sie in die Lage, Ihre Mitarbeiter zu Höchstleistungen anzuspornen, manchmal sogar mit nur kleinen Maßnahmen. Für den einen mögen herausfordernde Aufgaben wichtig sein, andere haben ganz andere Anliegen, wie das folgende Beispiel aus der Praxis zeigt:

Zwei Mitarbeiterinnen bildeten seit Jahren ein gut funktionierendes effizientes Team. Es war weithin bekannt, dass sie großen Wert auf ein gemeinsames Büro legten. Aus Unkenntnis und Überheblichkeit hat ein Projektmanager sie in unterschiedlichen Büros untergebracht und damit bei beiden unnötige Frustrationen ausgelöst. Die Leistung ging spürbar nach unten. Nachdem der Fehler behoben war, sind beide wieder zu ihrer üblichen Hochform aufgelaufen.

8.5 Umgang mit Konflikten

Innerhalb des Teams mag es Konflikte geben, etwa um die beste Lösung. Auch Stakeholder-Interessen können durchaus widerstreitend sein und müssen ausbalanciert werden. Dabei kommt es naturgemäß zu Konflikten. Deshalb gehört Konfliktmanagement zu den Aufgaben des Projektmanagers oder der Projektmanagerin.

8.5.1 Strategien zur Konfliktlösung

Zur Konfliktlösung gibt es mehrere Strategien.

1. Problemorientierung
   Die Ursache des Konflikts wird gesucht und beseitigt. Zweifellos ist dies die beste Konfliktlösungsstrategie, wenn sie möglich ist.
2. Kompromiss
   Jede der beteiligten Parteien gibt einen Teil ihrer Position auf zu Gunsten einer Lösung, mit der dann alle einverstanden sein können.
3. Vermeidung / Rückzug
   Das Problem wird nicht gelöst, sondern verschoben, vertagt oder „ausgesessen". Im Allgemeinen bringt diese Strategie keine vernünftigen Ergebnisse, kann allenfalls einmal vorübergehend eingesetzt werden.

4. Besänftigung
   Gemeinsamkeiten werden betont und Unterschiede herunterge-
   spielt. Auch diese Strategie bringt keine nachhaltigen Lösungen.
5. Durchsetzung
   Einer setzt eine Lösung durch ohne Rücksicht auf die Position der
   anderen. Die Folge sind möglicherweise Frustrationen und Ag-
   gressionen bei der unterlegenen Partei.

Die ersten beiden Strategien bringen in der Regel die besten Resultate.

Wollen Sie es versuchen?
Welche Konfliktlösungsstrategie wird hier ange-
wandt?

Situation	Lösungsstrategie
„Martha hat recht. Machen Sie es so, wie sie sagt!"	
„Lass uns etwas von Deinen Ideen neh-men, Joshua, und etwas von Deinen, Martha!"	
„Lasst uns mal drüber schlafen und später entscheiden."	
„Na ja, Sie mögen in ein paar unwichtigen Punkten unterschiedlicher Meinung sein, aber im Wesentlichen stimmen Sie über-ein!"	

Situation	Lösungsstrategie
„Hören Sie mit der Diskussion auf! Ich habe entschieden, bleiben Sie dabei!"	
„Lassen Sie uns beide Vorschläge untersuchen und den besten Weg finden."	
„Es gibt keinen zwingenden Grund, jetzt zu entscheiden. Lassen Sie uns bis nächsten Monat warten."	
„Das wirkliche Problem ist die schlechte Infrastruktur, lassen Sie uns daran arbeiten."	
„Nun, Hermann, vielleicht könnten Sie einige Ihrer Forderungen aufgeben, und Margret, Sie ein paar von Ihren."	

Die korrekten Antworten finden Sie im Lösungsteil.

Sachkonflikte, die bis hierhin besprochen worden sind, können mit der Zeit in Beziehungskonflikte übergehen. Wenn im Team zwei Mitarbeiter einen persönlichen Konflikt haben, besteht die Gefahr, dass es Auswirkungen auf das Team gibt und schlechte Stimmung um sich greift. Deshalb kann es manchmal nötig sein, einen solchen Beziehungskonflikt aufzulösen. Falls die beiden Mitarbeiter die Lösung des Konflikts nicht allein zuwege bringen, kann eine Mediation helfen.

8.5.2 Mediation

Die Mediation ist ein strukturiertes Verfahren zur konstruktiven Konfliktlösung. Sie ist dort zielführend einsetzbar, wo gemeinsame Projektinteressen vorhanden sind und es neben der Sache auch um

Gefühle oder Einstellungen geht. Die Mediatorin gibt dabei den Rahmen und die Methode vor, die eigentliche Konfliktlösung müssen die Beteiligten bewerkstelligen. Ansonsten würde man auch nicht zu nachhaltigen Lösungen kommen können.

Die Mediatorin oder der Mediator ist allparteilich und hat keinerlei Eigeninteresse in dem Konflikt. Sie ist nicht Schiedsrichterin und lässt sich in keinem Fall zu Urteilen zugunsten der einen oder anderen Partei verleiten. Stattdessen führt sie die Parteien zur eigenständigen Konfliktlösung. Die Beteiligten wissen selbst am besten, wie der Konflikt zu lösen ist, sie benötigen lediglich Unterstützung beim Lösungsprozess.

Die Beteiligten haben dabei volle Selbstbestimmung in der Lösungsfindung. Das bedeutet auch, dass alle Beteiligten einschließlich der Mediatorin den Mediationsprozess abbrechen können, wenn sie keinen Sinn mehr in der Fortsetzung sehen können.

Ziel der Mediation ist es, Lösungen zu erarbeiten, die für beide Parteien befriedigend sind. Die Beziehung zwischen den Beteiligten wird geklärt und in der Regel verbessert. Zum Wesen der Mediation gehört es, dass die Vertraulichkeit gewahrt wird. Die Beteiligten verpflichten sich daher zum grundsätzlichen Stillschweigen über die Inhalte der Mediation. Rückmeldungen über die Ergebnisse der Mediation werden unter den Beteiligten abgestimmt.

Voraussetzungen zum Gelingen einer Mediation sind
♦ Vertraulichkeit
♦ Selbstbestimmung
♦ Neutralität des Mediators
♦ Freiwilligkeit

Die Mediation läuft nach folgendem Prozess ab:
1. Gemeinsamen Status schaffen
   Es werden Informationen zu Vorgesprächen gegeben, so dass für alle Parteien Transparenz entsteht.

2. Bereitschaft klären
   Mediation kann nur gelingen, wenn beide Parteien sich dem Prozess freiwillig unterziehen wollen.
3. Spielregeln festlegen
   Den Parteien wird der Ablauf erklärt und ihr Einverständnis dazu abgeholt. Eine Spielregel ist die wechselnde Rollenfestlegung: Wenn A spricht, ist es Aufgabe von B zuzuhören und zu verstehen.
4. Mediationsgespräch
   Die Parteien kommen nach den festgelegten Spieregeln zu Wort. Um das Verständnis des jeweils Gesagten zu sichern, wird der Inhalt paraphrasiert (im Kern zusammengefasst), bevor die andere Partei zu Wort kommt. Die Mediatorin unterstützt bei Herausarbeitung des wesentlichen Inhalts. Sie hinterfragt insbesondere die Konfliktpositionen nach den dahinter stehenden Bedürfnissen. Auf diese Weise kommen neben den offensichtlichen Positionen auch Einstellungen, Hintergründe und Emotionen an die Oberfläche. Diese Informationen tragen zu konstruktiver Konfliktlösung bei und machen sie oft überhaupt erst möglich.
5. Vereinbarung
   Die Ergebnisse werden zusammengefasst zu einer für beide Parteien verbindlichen Übereinkunft.

9 Beschaffungen

Manchmal müssen in Projekten Güter oder Dienstleistungen von außerhalb der Organisation beschafft werden. Bei der Planung der Beschaffung gibt es folgende logische Reihenfolge:

- Zunächst treffe ich die Entscheidung, ob ein Gut oder eine Dienstleistung überhaupt beschafft werden soll (Make-or-Buy-Entscheidung).
- Wenn ich mich für die Beschaffung entscheide, muss das zu beschaffende Gut oder die zu beschaffende Dienstleistung beschrieben werden. Es wird eine Leistungsbeschreibung erstellt.
- Dann muss ich mir den Vertragstyp überlegen. Will ich einen Festpreisvertrag schließen oder doch lieber einen Kostenerstattungsvertrag oder einen Vertrag auf Zeit- und Materialbasis?
- Schließlich überlege ich, nach welchen Kriterien ich die späteren Angebote bewerten will.
- Als letztes stelle ich alle Dokumente für die Beschaffung zusammen, die ich an die potentiellen Lieferanten senden will.

Make-or-Buy-Entscheidung:
Bei den Make-or-Buy-Entscheidungen können folgende Überlegungen eine Rolle spielen:

- Was ist kostengünstiger?
- Gibt es ungenutzte Anlagen oder freie Ressourcen?
- Ist es notwendig, die Kontrolle intern zu haben?
- Gibt es sensible Daten?

Erstellung der Leistungsbeschreibung
Der Inhalt und Umfang der Leistungsbeschreibung hängt von dem zu beschaffenden Objekt ab. Handelt es sich um ein Standard-Objekt, braucht es keine oder nur eine kurze Leistungsbeschreibung. Handelt es sich um ein Objekt, das speziell für dieses Projekt erstellt werden muss, wie das beispielsweise bei einem Bauvorhaben oder der

Erstellung einer Individual-Software der Fall ist, braucht man eine detaillierte Leistungsbeschreibung.

Vertragstypen

Es gibt drei Haupttypen:

- Festpreisvertrag
- Kostenerstattungsvertrag
- Vertrag aus Zeit und Materialbasis

Festpreisverträge sind die gängigsten Vertragstypen. Für ein gut definiertes Produkt wird ein fest vereinbarter Preis bezahlt. Das ist bei allen Alltagseinkäufen der Fall. Der Käufer hat kein Kostenrisiko, da der Gesamtpreis von vornherein bekannt ist.

Bei Kostenerstattungsverträgen werden dem Lieferanten die tatsächlichen Kosten und ein Gewinnzuschlag bezahlt. Der Lieferant weist also seine Kosten nach. Der Käufer hat ein höheres Kostenrisiko, weil die Gesamtkosten zu Beginn nicht bekannt sind. Einen Kostenerstattungsvertrag schließt man ab, wenn die Leistung zu Beginn nicht genau beschrieben werden kann.

Verträge auf Zeit- und Materialbasis (Time and Material) werden im Allgemeinen für kleinere Volumina verwendet und für kürzere Zeitspannen. Sie haben daher ein begrenztes Risiko. Verträge auf Zeit- und Materialbasis ähneln Kostenerstattungsverträgen, weil das Ende offen und die Anzahl der Einheiten unbestimmt ist. Anderseits ähneln sie Festpreisverträgen, weil die Kostensätze für die Einheiten (z.B. Tagessätze für Mitarbeiter) fest sind und in ihnen bereits der Unternehmergewinn enthalten ist.

Bewertungskriterien

Ja nach zu beschaffendem Objekt und dessen Verwendungszweck mögen unterschiedliche Bewertungskriterien wichtig sein. Hauptkriterium kann der Preis sein oder die Qualität oder die Erfahrung und Qualifikation des Lieferanten oder anderes. Es können auch verschiedene Kriterien gewichtet und kombiniert werden.

Die gesamten erarbeiteten Informationen werden als Dokumente für die Beschaffung zusammengestellt. Diese Beschaffungsdokumente, die die Leistungsbeschreibung der zu vergebenden Arbeit enthalten, werden an die potentiellen Lieferanten geschickt mit der Bitte um ein Angebot. Die eingehenden Angebote werden anhand der Kriterien bewertet, die wir uns überlegt hatten. Schließlich wird ein Lieferant ausgewählt, mit dem Vertragsverhandlungen aufgenommen werden.

Ziel von Vertragsverhandlungen ist:

1. ein fairer und vernünftiger Preis
2. die Entwicklung einer guten Beziehung mit dem Lieferanten

Selbstverständlich sollte der Projektmanager, insbesondere wegen des zweiten Ziels, an den Vertragsverhandlungen teilnehmen, auch wenn der eigentliche Vertragsabschluss durch die Rechtsabteilung oder kaufmännische Abteilung eines Unternehmens erfolgt.

Bei Vertragsverhandlungen ist es sinnvoll, eine „Win-Win"-Situation zu erreichen, also ein Ergebnis, das für beide Seiten von Vorteil ist. Es ist völlig in Ordnung, wenn wir als Auftraggeber einen möglichst niedrigen Preis anstreben. Wenn der Preis allerdings über Gebühr gedrückt wird, kann das gravierende Nachteile haben. Der Auftragnehmer wird dann versuchen, im Laufe der Vertragsabwicklung wieder in eine vernünftige Gewinnzone zu kommen. Es wird keine Spielräume mehr geben für Kulanz. Bei der Auslegung der Leistungsbeschreibung wird jede Unklarheit als Vertragserweiterung betrachtet werden, Auftraggeber und Auftragnehmer werden also um jede unklare Formulierung streiten, das Klima zwischen beiden Parteien wird angespannt sein. Deshalb ist ein fairer Preis vorzuziehen, der dem Auftragnehmer einen angemessenen Gewinn verspricht.

Wenn im Projekt Beschaffungsleistungen erbracht werden, müssen die Auftragnehmer überwacht und gesteuert werden. Wie die Überwachung des Lieferanten erfolgt, ist im Vertrag festgelegt. Hier sind beispielsweise Lieferungen zu bestimmten Meilensteinen vereinbart und hier ist auch das Berichtswesen festgelegt.

Beide Parteien, Käufer und Lieferant, müssen sicherstellen, dass alle vertraglichen Leistungen erfüllt werden.

10 Projektabschluss

Beim Projektabschluss wird formal die Abnahme des Gesamtprodukts bestätigt und das Projekt wird zu einem ordnungsgemäßen Ende gebracht.
Wir unterscheiden zwei Abschluss-Szenarien:

1. Die Verträge mit Lieferanten werden geschlossen
2. Das Projekt wird unternehmensintern abgeschlossen

Beim Schließen des Vertrags mit Lieferanten wird

- das vertraglich vereinbarte Produkt abgenommen
- letzte Rechnungen bezahlt
- ggf. ein abschließender Leistungsbericht erstellt
- die Vertragsakte archiviert

Das Schließen des Vertrags mit Lieferanten erfolgt immer vor dem unternehmensinternen Abschluss des Projekts.
Ein Projekt wird immer unternehmensintern abgeschlossen unabhängig davon, ob es seine Ziele erreicht hat oder nicht. Ein Projekt kann vor seiner Zielerreichung abgeschlossen werden, etwa wenn das Unternehmen feststellt, dass es das Produkt nicht mehr braucht.

Beim unternehmensinternen Projektabschluss wird

- das Produkt in den Betrieb übergeben
  (Bei agilen Projekten wurde dies schon im Laufe des Projekts erledigt)
- verifiziert, dass alle Liefergegenstände abgenommen wurden.
  (Bei agilen Projekten kann dieser Schritt entfallen, da Liefergegenstände bereits in Produktion sind)
- ein Abschlussbericht erstellt sowie Lessons Learned
- die Projektakte archiviert

Als letztes werden die noch im Projekt gebundenen Ressourcen frei-
gegeben

Nach Durchführung der Projektabschluss-Aktivitäten ist das Projekt
offiziell beendet.

Und nicht vergessen: Erfolge sollte man feiern!

Lösungsteil

Projektauftrag „grüne Kantine"

1. Geschäftlicher Hintergrund des Projekts
   Der Krankenstand im Unternehmen ist zu einem Teil auf falsche Ernährungsgewohnheiten der Mitarbeiter zurückzuführen. Durch Einführung vegetarischer Mahlzeiten in der Kantine soll gegengesteuert werden, ein Anreiz zu gesünderer Ernährungsweise gegeben und der Krankenstand mittelfristig gesenkt werden.
2. Projektziele
   a. Neben dem herkömmlichen Angebot wird täglich mindestens ein hochwertiges vegetarisches Gericht angeboten.
   b. Im ersten Monat nach Einführung wählen mindestens 10% der Kantinenbenutzer das vegetarische Gericht.
   c. Die unten genannten Zeit- und Kostenvorgaben sind Projektziele.
3. Beschreibung / Anforderungen
   Um die mit dem Projekt verbundenen Ziele zu erreichen, wird mit dem derzeitigen Kantinenpächter ein neuer Vertrag geschlossen, der den Anforderungen gerecht wird. Die Vertragsunterzeichnung ist insbesondere im Hinblick auf die künftigen Betriebskosten vorab mit dem Auftraggeber abzustimmen.

   Es wird eine moderne Kantinen-App erstellt, mit der die Bestellung und Bezahlung digital abgewickelt wird und die für die Mitarbeiter ansprechend ist.

   Begleitend werden geeignete PR-Maßnahmen aufgesetzt, um die Mitarbeiter für eine gesunde Ernährung zu gewinnen. Hier soll auch die zu erstellende Kantinen-App einen geeigneten Beitrag leisten. Durch die unternehmensinterne Öffentlichkeitsarbeit soll das Angebot einen hohen Bekanntheitsgrad erreichen.

   Das vegetarische Angebot soll so attraktiv sein, dass sich auch Nicht-Vegetarier angesprochen fühlen. Auch für die herkömmlichen Gerichte soll die Qualität verbessert werden, indem überwiegend frische Zutaten verwendet werden. Außerdem soll in geeigneter und ansprechender Weise über die Vorteile gesunder Ernährung informiert werden.

Ein Risiko besteht darin, dass der Kantinenpächter möglicherweise nicht in der Lage ist, die neuen Anforderungen zu erfüllen. In dem Fall ist nach alternativen Vertragspartnern mit geeigneter Erfahrung zu suchen.

4. Budgetvorstellungen

Das Budget beträgt 14 Aufwandsmonate (nur interne Mitarbeiter). Darüber hinaus fallen Sachkosten für PR-Maßnahmen an, die 20.000 € nicht überschreiten dürfen. Die künftigen laufenden Kosten für das neue Kantinenangebot sind Betriebskosten und nicht im Projektbudget enthalten, sie werden anderweitig finanziert.

5. Terminvorstellungen

Eine erste Aussage, ob das neue Kantinenangebot mit dem jetzigen Pächter in angemessener Qualität realisierbar ist, wird zwei Monate nach Auftragserteilung erwartet. Der Vertragsentwurf mit dem jetzigen Kantinenpächter liegt vier Monate nach Auftragserteilung vor. Für den Fall, dass ein neuer Vertragspartner gesucht werden muss, braucht der Vertragsentwurf erst sieben Monate nach Erteilung des Projektauftrags vorzuliegen. Die Einführung der vegetarischen Mahlzeiten in der Kantine ist spätestens drei Monate nach Abschluss des Vertrags mit dem Pächter erfolgt. Zum selben Zeitpunkt liegt eine funktionierende Version der Kantinen-App vor.

6. Entwicklungsansatz

Das Projekt wird nach dem klassischen Wasserfallmodell erstellt mit Ausnahme der Kantinen-App, welche agil entwickelt wird.

7. Projektmanager

Projektmanager ist Herr Vielfraß. Er arbeitet mit Frau Paragraphenreiterin zusammen, die Erfahrungen im Bereich Kantinenvertragswesen mitbringt. Weitere Mitarbeiter zieht der Projektmanager nach seinem Gutdünken hinzu. Insbesondere bestimmt er einen Product Owner für das Entwicklungsteam der Kantinen-App.

Unterschrift Auftraggeber

Stakeholder „grüne Kantine"

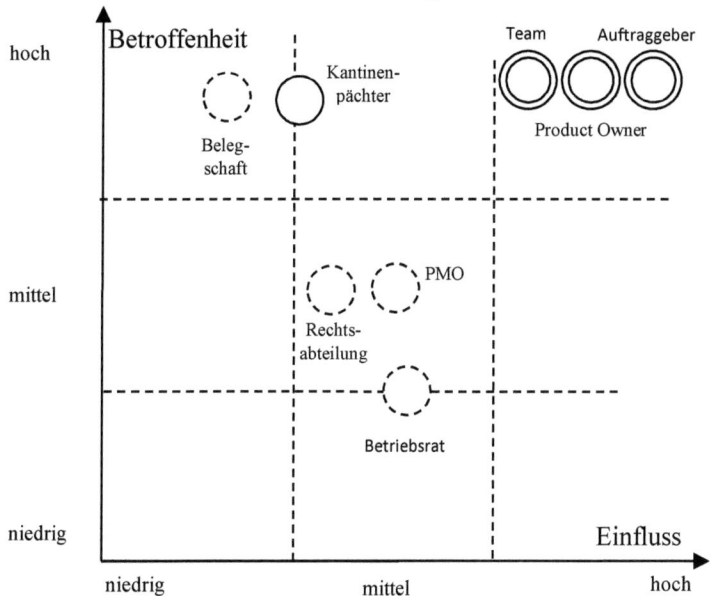

Stakeholderkarte grüne Kantine

Interessenslage und Kommunikationsbedarf

Auftraggeber
Dem Auftraggeber, Herrn Gesundheitsfanatiker, ist das Projekt ein persönliches Anliegen. Er möchte seine Überzeugungen weitergeben und den Projekterfolg sicherstellen. Deshalb möchte er das Projekt eng begleiten und wöchentlich informiert werden.

Product Owner
Der Product Owner übernimmt die Koordination der Anforderungen an die Kantinen-App und ist für deren Erfolg verantwortlich. Diesen Erfolg kann er nur erzielen, wenn das Gesamtprojekt erfolgreich ist, das er daher unterstützt.

Mit dem Product Owner vereinbaren wir periodische Meetings, die es uns ermöglichen, den Fortschritt der Kantinen-App zu verfolgen.

Umgekehrt erhält der Product Owner Informationen aus erster Hand über das Gesamtprojekt.

Team

Mit dem Team vereinbaren wir wöchentliche Treffen, um Fortschritt und Risiken durchzusprechen. Gleichzeitig wollen wir damit auch den Zusammenhalt des Teams fördern. Je nach Bedarf und Feedback des Teams werden im Projektverlauf häufigere oder weniger häufige Meetings gehalten.

Rechtsabteilung

Die Rechtsabteilung ist ein neutraler Stakeholder. Es gehört zu ihrem Tagesgeschäft, Verträge mit Auftragnehmern zu erstellen. Sie übernimmt daher bereitwillig diese Aufgabe im Projekt, ist deswegen aber kein ausgesprochener Anhänger des Projekts. Für uns genügt diese Einstellung. Die Rechtsabteilung wird ihre Arbeit sorgfältig durchführen. Mit ihr gibt es bis zum Vertragsabschluss regelmäßige Treffen, um die Vertragsentwürfe zu beraten.

Betriebsrat

Der Betriebsrat wird per Verteilung des Projektplans informiert. Darüber hinaus gehenden Informationsbedarf hat der BR nicht. Die Verhandlung über die Kantinenpreise wird außerhalb des Projekts zwischen Management und Betriebsrat durchgeführt.

PMO

Für das PMO ist das Projekt „grüne Kantine" eines unter vielen. Es hat Interesse an dem Projekt im Rahmen seiner allgemeinen Projektbetreuung. Das PMO möchte den Projektplan kontrollieren und nimmt gelegentlich an Projektsitzungen mit dem Team teil.

Belegschaft

Die Belegschaft sieht das Projekt mit leichtem Interesse. Einige Mitarbeiter freuen sich auf ein vegetarisches Angebot, anderen ist es egal. Für die Belegschaft sind die Projektberichte einsehbar, sie werden aber nicht an jeden Mitarbeiter verteilt. Die PR-Maßnahmen, mit denen die Belegschaft gewonnen werden soll, ist ein Teil der Projektarbeit und nicht Gegenstand des Kommunikationsplans.

Kantinenpächter

Für den Kantinenpächter bringt das Projekt erst einmal Unruhe in den beruflichen Alltag. Ihm wäre es lieber, es ginge weiter wie bisher. Andererseits ist ihm auch klar, dass er den derzeitigen lukrativen Vertrag verlieren kann. Deshalb sollte es nicht schwer sein, seine anfängliche Skepsis aufzulösen und ihn zur konstruktiven Mitarbeit zu veranlassen. Wir sehen zu Projektbeginn mehrere persönliche Treffen mit ihm vor, um seine Bereitschaft und Fähigkeit zur Umstellung des Kantinenangebots auszuloten. Später wird auch die Rechtsabteilung zugezogen, um die Vertragsänderung zu vereinbaren.

An wen?	Was?	Wann?	Wie?	Wer?
Auftraggeber	Status- und Fortschrittspräsentationen	wöchentlich	Meeting	Projektmanager
Product Owner	Anforderungen und Fortschritt, gegenseitige Info	periodisch, angepasst an Sprints	Meeting	Projektmanager
Team	Status, Risiken, Vorgehen	wöchentlich	Meeting	Projektmanager
Rechtsabteilung	Vertragsentwürfe	erstmal alle 2 Wochen	Meeting	Projektmanager
PMO	Info über Termine der Meetings mit Team	einmalig Terminliste, bei Änderungen aktualis. Liste	E-Mail	Projektmanager
Belegschaft	Projektunterlagen als Abhol-Info im Intranet	einmalig	Zugangsinfo per E-Mail	Mitarbeiter
Kantinenpächter	Vertragsentwürfe	anfangs wöchentlich	Verhandlung persönlich und mit Vertragsabteilg	Projektmanager
alle Stakeholder	Projektplan und Updates	bei Aktualisierung	E-Mail Anhang und Intranet	Projektmanager

Stakeholder Anforderungen „grüne Kantine"

Auftraggeber
- Überzeugung vom Wert gesunder Ernährung wird an Mitarbeiter weitergegeben.
- Die Kantinen-App soll das Image von digitaler Kompetenz des Unternehmens untermauern.

Belegschaft
- Das Kantinenessen soll schmecken.
- Es darf nicht zu teuer sein.
- Die App soll einfach bedienbar sein.

Betriebsrat
- Der Essenszuschuss muss so bemessen sein, dass die Mitarbeiter durch die Umstellung keine Teuerung erfahren.
- bei der Kantinen-App soll der Datenschutz gewährleitet sein. Insbesondere darf keine Auswertung möglich sein, welche Mitarbeiter vegetarisch essen.

Kantinenpächter
- Der Aufwand für die Essenszubereitung soll in machbarem Rahmen bleiben.
- Die Kantinen-App soll die Arbeit erleichtern und keinesfalls den Aufwand erhöhen.

Leistungsbeschreibung „grüne Kantine"

Leistungsumfang („in scope")
Es werden Vorgaben für den Kantinenpächter erstellt. Sie legen Merkmale fest, die der Pächter erfüllen muss, insbesondere zu Qualität und Frische der Zutaten, aber auch zu (möglichst lokalen) Bezugsquellen. Nach Möglichkeit erhält der jetzige Kantinenpächter den Zuschlag, sofern er sich entsprechend flexibel zeigt und den Vorgaben entsprechen kann. Die Bewertung und die Entscheidung erfolgen im Einvernehmen mit dem Auftraggeber.

Um Kostenvergleiche zu ermöglichen und das vom Auftraggeber bereits benannte Risiko, dass der jetzige Kantinenpächter ungeeignet ist, zu mindern, wird parallel zu den Gesprächen eine Marktsichtung durchgeführt nach Caterern, die bereits einen Erfahrungshintergrund und Referenzen zu vegetarischer und frischer Kantinenbeköstigung haben. Je nach Ergebnis der Marktsichtung und der Gespräche mit dem derzeitigen Pächter werden dem Auftraggeber Alternativen vorgestellt. Im Hinblick auf die Anforderungen der Belegschaft und des Betriebsrats werden dabei die künftigen Essenspreise für die verschiedenen Alternativen als Entscheidungskriterium mit aufgeführt.

Für die PR-Maßnahmen wird auf die Beratung und Unterstützung der hausinternen erfahrenen Unternehmenskommunikation zurückgegriffen, die geeignete Kommunikationsmedien vorschlägt. Die Sachkostenobergrenze wird bei der Auswahl der Medien eine zentrale Rolle spielen. Der Inhalt der PR-Medien wird im Projekt erarbeitet, insbesondere die Informationen über die Vorteile gesunder Ernährung.

Die Vertragserfüllung durch den Pächter wird vom Projekt im ersten Monat nach Einführung überwacht und danach wird die weitere Überwachung an die Linienorganisation übergeben.

Die Beschreibung der Kantinen-App erfolgt hier nicht, da sie agil entwickelt wird. Deshalb wird an dieser Stelle auf das Product Backlog verwiesen.

Leistungsausschlüsse („out of scope")
Der Vertragsentwurf und insbesondere die zugehörigen Vorgaben werden vom Projekt erarbeitet, der eigentliche Vertragsabschluss erfolgt durch die Rechtsabteilung ebenso wie die Kündigung des alten Vertrags.

Mitwirkungspflichten
Der Auftraggeber trifft die letztendlichen Entscheidungen, insbesondere zum Vertrag mit dem Kantinenpächter. Er unterstützt bei der personellen Ausstattung des Projekts und bei der Bewältigung von Risiken, die vom Projekt allein nicht gemeistert werden können.

Annahmen

Es wird vorausgesetzt, dass die Kücheneinrichtung geeignet ist und keine Umbaumaßnahmen oder Beschaffungen von zusätzlichem Küchengerät erforderlich sind.

Es wird angenommen, dass der Vertrag mit dem derzeitigen Pächter so kurzfristig kündbar ist, dass die vorgegebenen Meilensteine erreichbar sind.

Es wird vorausgesetzt, dass geeignete Entwickler für die Kantinen-App aus eigenem Personal und in Vollzeit zur Verfügung gestellt werden können.

Restriktionen

- Termin- und Budgetvorgaben lt. Projektauftrag
- kein Einsatz externer Mitarbeiter
- Mitarbeit von Frau Paragraphenreiterin
- Der Zuschuss zum Kantinenessen und damit der Essenspreis wird vom Management festgelegt.

Abnahmekriterien

1. Es liegt ein Vertrag mit einem Pächter vor, der die Einhaltung der abgestimmten Vorgaben sicherstellt.
2. Im ersten Monat nach Einführung wählen mindestens 10% der Kantinenbenutzer das vegetarische Angebot. Gemessen wird dies an Hand der Kassenbelege der Kantine.
3. Am Einführungsdatum und im folgenden Monat wird täglich mindestens ein vegetarisches Gericht angeboten.
4. Informationsmaterial über gesunde Ernährung liegt vor und ist für die Mitarbeiter leicht zugänglich.

WBS „grüne Kantine"

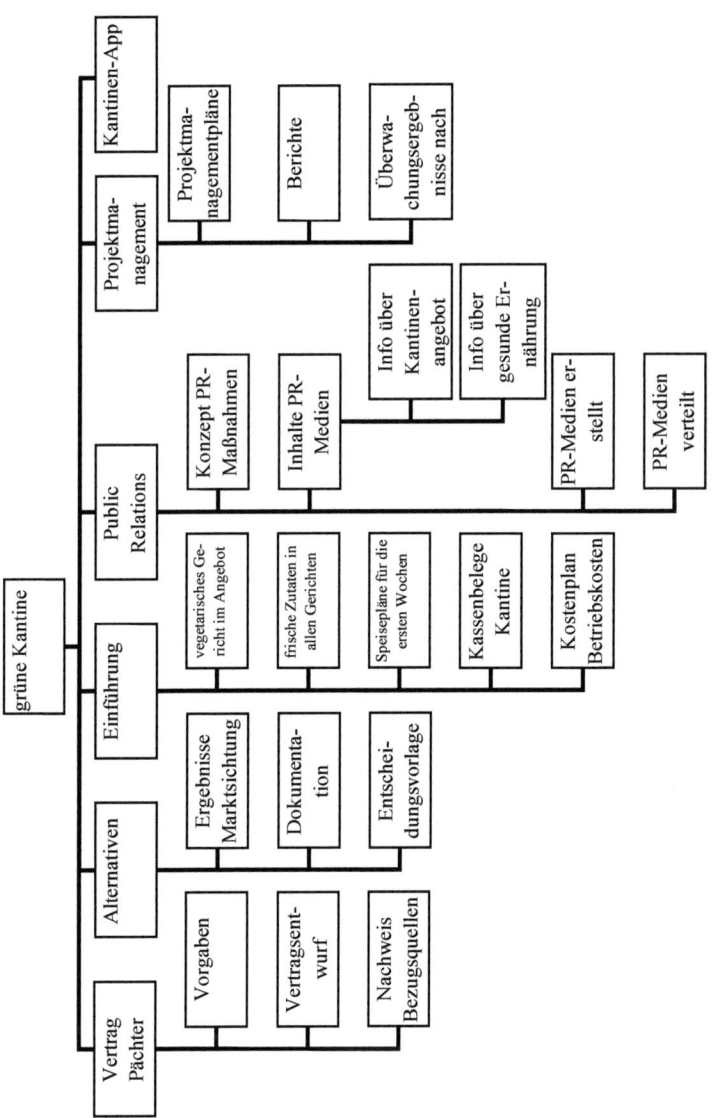

Terminberechnung

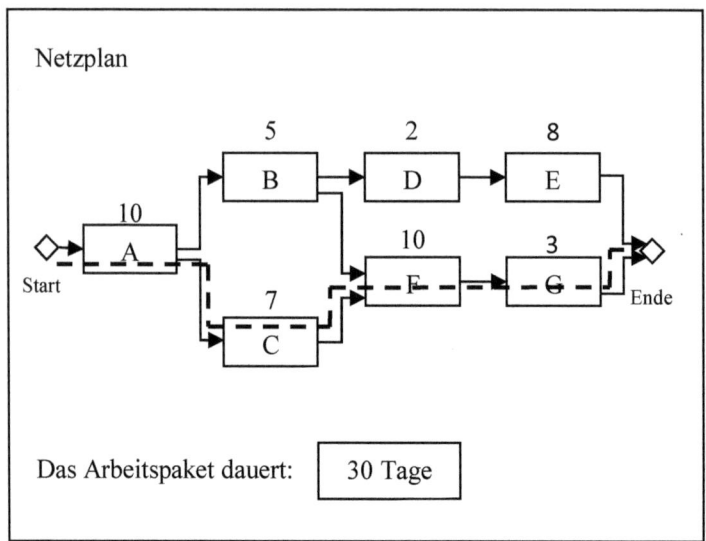

Netzplan

Das Arbeitspaket dauert: [30 Tage]

Mögliche User Storys Kantinen-App

User Story 1
Als Auftraggeber möchte ich eine ansprechende digitale Info über das vegetarische Angebot in der Kantinen-App vorhalten, um die Annahme des vegetarischen Angebots zu unterstützen.
Akzeptanzkriterien
◆ Das vegetarische Angebot soll möglichst alle Mitarbeiter erreichen.
◆ Die App soll ansprechende Bilder der angebotenen vegetarischen Mahlzeiten an prominenter Stelle wiedergeben.
User Story 2
Als Mitarbeiter oder Mitarbeiterin möchte ich sowohl über das vegetarische Angebot wie auch das Essensangebot mit Fleisch gleichermaßen informiert werden und beide buchen können, damit ich eine echte Wahl habe.

Akzeptanzkriterien

♦ Vegetarische und Fleischgerichte sollen in der App in jeder Hinsicht gleichwertig behandelt werden.

User Story 3

Als Betriebsrat möchte ich jegliche Registrierung vermeiden, die über die Essensauswahl der Mitarbeiter Auskunft geben könnte, um Druck auf die Mitarbeiter zu vermeiden, sich vegetarisch zu ernähren.

Akzeptanzkriterien

♦ In der App werden Bestellungen nur solange gespeichert, bis die Bestellung abgewickelt ist.

♦ Aus dem für Abrechnungszwecke gespeicherten Preis dürfen keine Rückschlüsse auf die Art des Essens gezogen werden können.

♦ Soweit die Bestellungen zur Verfolgung der Annahme des vegetarischen Angebots gespeichert werden sollen, hat dies anonym zu erfolgen.

Die drei User Stories erzeugen den Eindruck von noch vorhandenen widerstreitenden Interessen, die vor einem Planning aufzulösen sind. Zuständig ist der Product Owner.

Qualitätsplanung „grüne Kantine"

Qualitätsstandard	Messgröße
frische Zutaten, hochwertige vegetarische Gerichte	Zwischen Ernte und Lieferung an die Kantine dürfen produktabhängig bestimmte Zeiten nicht überschritten werden, die Zeiten ergeben sich aus einer entsprechenden Lieferzeitenliste
attraktives vegetarisches Angebot, Kantinenessen soll schmecken	Speisepläne enthalten beliebte Gerichte gem. „Favoritenliste"

Qualitätsstandard	Messgröße
hoher Bekanntheitsgrad	stichprobenhafte Befragung nach Zufallsprinzip
Information über gesunder Ernährung in ansprechender Weise	stichprobenhafte Befragung nach Zufallsprinzip
Kantinen-App soll weitgehend fehlerfrei funktionieren	Kantinen-App ist frei von Fehlern des Schweregrads 1 und 2 (Schweregrad 1: App ist durch den Fehler nicht nutzbar Schweregrad 2: relevante Teile der App sind durch den Fehler nicht nutzbar Schweregrad 3: Fehler löst nur geringfügige Einschränkungen aus)

Maßnahmen aus der Qualitätsplanung

1. Lieferzeitenliste erstellen
2. „Favoritenliste" im Internet recherchieren
3. stichprobenhafte Befragung vorbereiten und durchführen
4. Software-Tests durchführen

Die Maßnahmen sind in die vorhergehenden Planungen einzuarbeiten. Die WBS ist um Lieferliste, „Favoritenliste" und Befragungsergebnisse zu erweitern, in die Terminplanung sind die neuen Vorgänge aufzunehmen und die Kostenplanung ist um die zugehörigen Aufwände anzupassen.

Risiken „grüne Kantine"

Wahrscheinlichkeits-Auswirkungsmatrix „grüne Kantine"

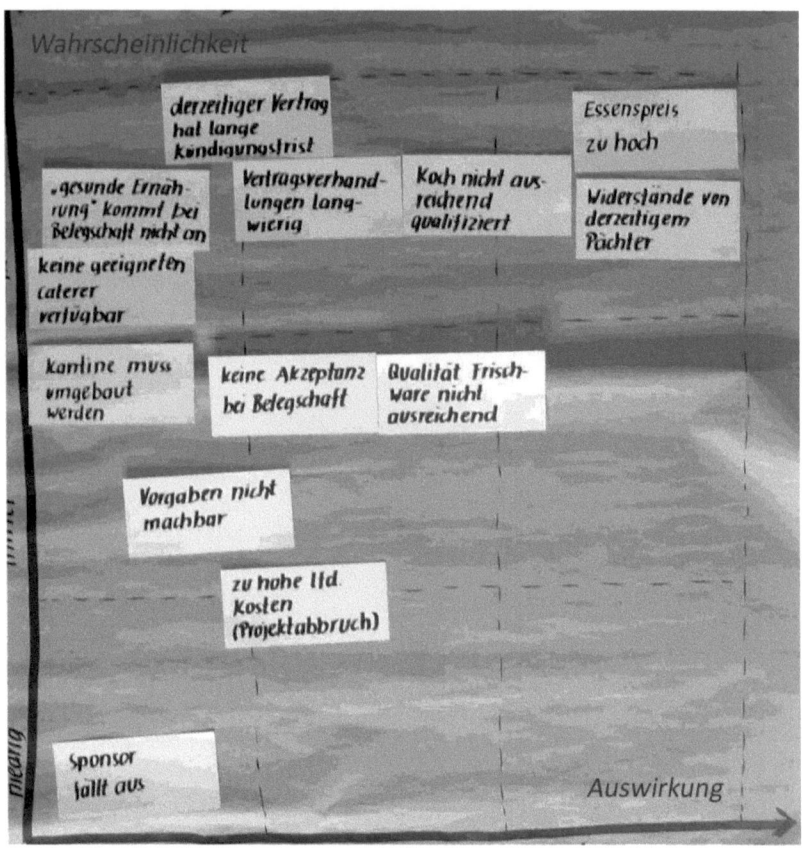

Risikobewältigungsplanung „grüne Kantine"

Risiko	Bewältigung
derzeitiger Vertrag mit Pächter hat lange Kündigungsfrist	noch vor weiteren Planungsaktivitäten Vertrag sichten, ggf. Übergangslösungen konzipieren
Essenspreis zu hoch	erste Angebote für eine frühzeitige Betriebskostenabschätzung noch in Planungsphase einholen, ggf. Alternativen erarbeiten
Widerstände von derzeitigem Pächter, Vertragsverhandlungen langwierig	Position von Pächter im Gespräch eruieren und verstehen, ggf. alternative Vertragspartner am Markt sichten, Verhandlungsposition dadurch verbessern, ggf. anderen Pächter unter Vertrag nehmen
Koch nicht ausreichend qualifiziert	Kriterien für Personal in die Vertragsvorgaben aufnehmen, Mitspracherecht bei Personalauswahl vertraglich sichern
. . .	. . .

EVM: Lösungen für das im Text gegebene Beispiel

PV = 50.000 Euro
AC = 75.000 Euro
EV = 70.000 Euro
CV = - 5.000 Euro
SV = + 20.000 Euro
CPI = 0,933
SPI = 1,400

Projektbewertung mittels EVM

Budget = 500.000 €
PV =   320.000 €
AC =   350.000 €
EV =   370.000 €

CV = + 20.000 €
SV = + 50.000 €

CPI = 1,057
SPI = 1,156

Das Projekt unterschreitet derzeit das Budget. Die Unterschreitung liegt bei etwa 5%. (CPI von 1,057 bedeutet 5,7 %.)
Es ist derzeit vor dem Zeitplan. Es ist etwa 15% schneller als geplant. (SPI 1,156 bedeutet 15,6%.)

Motivatoren und Hygienefaktoren

Hygienefaktoren	Motivatoren
◆ Entlohnung und Gehalt ◆ zwischenmenschliche Beziehungen zu Vorgesetzten, Kollegen und Mitarbeitern ◆ Arbeitsbedingungen ◆ Sicherheit der Arbeitsstelle ◆ Personalpolitik	◆ Arbeit selbst ◆ Leistung und Erfolg ◆ Anerkennung ◆ Verantwortung ◆ Aufstieg und Beförderung ◆ persönliches Wachstum

Konfliktstrategien

Situation	Lösungsstrategie
„Martha hat recht. Machen Sie es so, wie sie sagt!"	Durchsetzung
„Lass uns etwas von Deinen Ideen nehmen, Joshua, und etwas von Deinen, Martha!"	Kompromiss
„Lasst uns mal drüber schlafen und später entscheiden."	Vermeidung / Rückzug
„Na ja, Sie mögen in ein paar unwichtigen Punkten unterschiedlicher Meinung sein, aber im Wesentlichen stimmen Sie überein!"	Besänftigung
„Hören Sie mit der Diskussion auf! Ich habe entschieden, bleiben Sie dabei!"	Durchsetzung
„Lassen Sie uns beide Vorschläge untersuchen und den besten Weg finden."	Problemorientierung (kein Kompromiss: Es werden zwar beide Vorschläge untersucht, aber dann möglicherweise zugunsten von *einem* entschieden)

Situation	Lösungsstrategie
„Es gibt keinen zwingenden Grund jetzt zu entscheiden. Lassen Sie uns bis nächsten Monat warten."	Vermeidung / Rückzug
„Das wirkliche Problem ist die schlechte Infrastruktur, lassen Sie uns daran arbeiten."	Problemorientierung
„Nun, Hermann, vielleicht könnten Sie einige Ihrer Forderungen aufgeben, und Margret, Sie ein paar von Ihren."	Kompromiss

Spickzettel für die Planung

von agilen und klassischen Projekten

0. Projektauftrag

Input für den Projektplan ist der Projektauftrag. Dieser enthält auf hohem Level: geschäftlicher Hintergrund des Projekts, Projektziele, Projektbeschreibung und Anforderungen, Budgetvorstellungen, Terminvorstellungen, ggf. Entwicklungsansatz, Projektmanager.

1. Planung Stakeholder-Kommunikation

◆ Stakeholder identifizieren und einschätzen (Stakeholderkarte)
◆ Kommunikation mit ihnen festhalten im Kommunikationsplan

An wen?	Was?	Wann?	Wie?	Wer?

2. Planung von Scope, Termin und Kosten

Klassische Projekte

Leistungsbeschreibung

Aus dem Projektauftrag wird die Leistungsbeschreibung entwickelt. Sie enthält in hinreichender Detailtiefe:

◆ Leistungsumfang   ◆ Annahmen
◆ Leistungsausschlüsse   ◆ Restriktionen
◆ Mitwirkungspflichten   ◆ Abnahmekriterien

Projektstrukturplan

Auf Basis der Leistungsbeschreibung wird der Projektstrukturplan erstellt. Das Projekt wird in kleinere Einheiten zerlegt, die besser zu managen sind. Unterste Ebene sind die Arbeitspakete.

Einschätzung der Granularität:
Können die Arbeitspakete geschätzt werden? ✓
Kann man ihre Fertigstellung eindeutig feststellen? ✓
Kann man klare Verantwortlichkeiten zuweisen? ✓

Kostenplanung

◆ Kosten der Arbeitspakete schätzen
◆ zum Budget aufaddieren
◆ später nach Durchführen der Risikoplanung Risikoreserven hinzufügen

Agile Projekte

Der Scope wird zu Beginn nicht festgelegt, sondern nach und nach im Projektverlauf. Zur Beschreibung werden User Storys verwendet. Sie haben die Form

Als [Rolle] möchte ich [Wunsch], um [Nutzen]

Die User Storys werden im Product Backlog gesammelt. Zu Beginn des Projekts sollte das Backlog zumindest zu einem Teil gefüllt sein, d.h. die User Storys für die ersten Sprints sollten erstellt sein.

Die Länge der Sprints wird festgelegt. Bei sehr unsicherem Scope ist sie eher kurz.

Die Kosten sind fest. Damit lässt sich die Anzahl der Sprints kalkulieren (bei Projekt ohne Beschaffungen)

Klassische Projekte	*Agile Projekte*
Terminplanung Auf der Grundlage der WBS wird die Terminplanung durchgeführt: 1. Vorgänge festlegen 2. Abhängigkeiten bestimmen (Netzplan) 3. Aufwände schätzen 4. Dauern schätzen 5. Zeitplan entwickeln 6. ggf. Zeitplan verdichten (Crashing und Fast Tracking)	Der Termin ist fest. Um ihn zu erreichen, wird der Scope angepasst.

3. Qualitätsplanung

♦ zuerst relevante Standards identifizieren
♦ danach Messgrößen bestimmen, mit denen die Erfüllung bewertet werden kann
♦ dann entscheiden, was getan werden muss, um die Standards zu erfüllen

4. Risikoplanung

♦ Risiken finden (Brainstorming),
♦ möglichst viele Risiken identifizieren, Quantität geht vor Qualität
♦ Risiken priorisieren (Wahrscheinlichkeits-Auswirkungsmatrix)
♦ für hoch priorisierte Risiken Gegenmaßnahmen planen

5. Teamplanung

♦ eindeutige Verantwortlichkeiten zuordnen: Jeder muss wissen, was er zu tun hat. Darstellung beispielsweise in der WBS, in agilen Projekten werden die Verantwortlichkeiten durch das Team organisiert
♦ ggf. Teamentwicklungsmaßnahmen planen

6. Beschaffungsplanung

♦ Make-or-buy-Entscheidungen treffen
♦ Leistungsbeschreibung erstellen
♦ Vertragstyp auswählen
♦ Kriterien für die Angebotsbeurteilung festlegen
♦ Beschaffungsdokumente für die Weitergabe an mögliche Lieferanten zusammenstellen

Liebe Projektmanager

Sie haben in diesem kleinen Kurs einige Instrumente für gutes Projektmanagement kennengelernt. Einen letzten Rat möchte ich Ihnen noch mit auf den Weg geben:

Keep it simple

Projektmanagement ist keine Kunst, es ist Handwerk. Dazu braucht man sein Handwerkszeug. In diesem Buch wurden Ihnen die wesentlichen und bewährten Werkzeuge vorgestellt. Mehr brauchen Sie nicht.

Am wichtigsten ist Ihre Bereitschaft, die volle Verantwortung für Ihr Projekt zu übernehmen.

Liebe Auftraggeber

Ist in Ihrem Verantwortungsbereich auch schon mal das ein oder andere Projekt schief gegangen? Das lag dann an unvorhergesehen Umständen, mangelnden Zulieferungen, Fehler von anderen Stellen....

Das sind alles faule Ausreden

...und vor allem Ausdruck von schlechtem Projektmanagement. Und daran, liebe Auftraggeber, sind Sie nicht ganz unschuldig. Möglicherweise haben Sie den Projektmanager oder die Projektmanagerin nach den falschen Kriterien ausgesucht.

Häufig werden Projektmanager wegen ihres Branchenwissens ausgewählt. Jedoch ist das Projektmanagementwissen viel entscheidender. Aus demselben Grund ist die Annahme falsch, eine erfahrene und geschätzte Führungspersönlichkeit sei schon in der Lage, ein Projekt zu managen. Sie ist es nur dann, wenn sie das Rüstzeug des Projektmanagements beherrscht.

Auftraggeber müssen erkennen, das Projektmanagement ein eigenes Berufsbild ist, dessen Erfüllung man bei der Kandidatenauswahl an erste Stelle setzen muss.

Über die Autorin

Dipl.-Ing. Thea Schulte berät und unterstützt Projektmanager und leitet selbst als Interimsmanagerin Projekte und insbesondere auch Krisenprojekte. Sie verfügt über eine 30jährige Erfahrung als Projektmanagerin in klassischen und agilen Projekten und ist Coach für ganzheitliche Persönlichkeitsentwicklung. Seit 2004 ist sie freiberuflich als Coach, Interimsmanagerin und Trainerin tätig.

Nähere Infos finden Sie auf der Homepage www.thea-schulte.de